'प्रहरी ओ देश के' हिन्दी के सुप्रसिद्ध वरिष्ठ कवि उद्‌भ्रांत द्वारा वर्ष 1960 के दशक में रचित छंद-मुक्तछंद की राष्ट्रीय, श्रम के महत्त्व को प्रतिपादित करने वाली, प्रगतिशील कविताओं का वह संकलन है जो युगधर्म को अपनी सीधी, सरल वाणी में सम्प्रेषित करने के विरल गुण के कारण महाकवि सुमित्रानंदन पंत, कविवर पं. भवानी प्रसाद मिश्र और राष्ट्रकवि पं. सोहनलाल द्विवेदी जैसे मूर्धन्य कवियों द्वारा तो प्रशंसित हुआ ही, सामान्य जनता ने भी उसमें अपने हृदय को अभिव्यक्त होते पाया। फलस्वरूप, विगत तीन दशकों में इन कविताओं के अनेक संस्करण हुए और देश की रक्षार्थ सीमा पर तैनात प्रहरियों ने भी इन्हें अपनी वाणी दी। संग्रह की अनेक कविताएं सातवें दशक में कवि-सम्मेलनों के अतिरिक्त आकाशवाणी के विभिन्न केन्द्रों और विविध भारती से भी सुनी जाकर जनता द्वारा अपनाई गई।

1857 के स्वाधीनता संग्राम की 150वीं जयंती के अवसर पर डायमंड पॉकेट बुक्स की ओर से कवि उद्‌भ्रांत की राष्ट्रीय रचनाओं का यह लोकप्रिय काव्य सगर्व प्रस्तुत है।

"आग बोलती है" नामक संग्रह में उद्भ्रांत ने अपने युग की पुकार सुनी है। यह देशव्यापी वातावरण में श्वासोच्छ्वास लेकर अपने हृदय की आग उगलने लगा है। इसमें कहीं दिनकर की, कहीं "एक भारतीय का घोषणापत्र" जैसी रचनाओं में स्वामी रामतीर्थ की याद आने लगती है। इस संग्रह में निःसंदेह उनकी अत्यंत सशक्त तथा प्राणवान रचनाएं हैं। उनके भीतर से युग का संघर्ष, ऊहापोह तथा ज्वलंत आवेग ही बोल रहा है। वे वंशी छोड़कर हाथ में कटार लेना चाहते हैं। रूपक, उपमा, भाव-बोध, उद्गार- सभी दृष्टियों से संग्रह में नवीनता तथा आंधियों का वेग है।

-श्री सुमित्रानंदन पंत

"आग बोलती है" ने इस संभावना की ओर इशारा किया था कि यह तरुण केवल जवानी के जोश में कुछ दिनों तक लिखकर चुक जाने वाला कवि सिद्ध नहीं होगा। उस संग्रह के गीतों की कितनी ही पंक्तियां अब भी मेरे मन में हैं, जैसे - 'यह सदी चोट खाई-सी लगती है, हिंसा अंगड़ाई लेकर जगती है। जो आदिम युग इतिहास बन चुका था, उसके पन्नों को हवा खोलती है।' इस संग्रह के अधिकतर गीत शायद भारत-पाकिस्तान युद्ध की बुरी घड़ी में लिखे गए थे। एक आवश्यकता ने, जो तात्कालिक थी, पूरी ताकत से कवि को मथा और उसने अनेक ओजपूर्ण गीत लिखे- 'थरथराते पंख उनके ही कि जो सामान्य हैं, किंतु तुम तो हो असाधारण पखेरू! तुम झुके क्यों? राह में पंथी रुके क्यों?"

-पं. भवानी प्रसाद मिश्र

"राष्ट्रीय चेतना के जिस क्षितिज को ये रचनाएं स्पर्श कर रही हैं, वहां वे सभी रसज्ञों की सहज सराहना प्राप्त करेंगी। तुम्हारी रचनाओं में तुम नहीं बोल रहे, तुम्हारे युग का स्वर मुखरित हुआ है, जो जन-जन के हृदयों को अनुप्राणित करता है। यह जागरण-जीवन का काव्य बहुचर्चित होगा, उससे भी अधिक लोकप्रिय-इसमें संदेह नहीं।"

-राष्ट्रकवि पं. सोहनलाल द्विवेदी

प्रहरी ओ देश के

(वर्ष 1959 से वर्ष 2007 के मध्य
रची गई कवि की राष्ट्रीय कविताएं)

उद्‌भ्रांत

डायमंड बुक्स

I.S.B.N. : 81-288-1726-4

प्रकाशक	: **डायमंड पॉकेट बुक्स (प्रा.) लि.** X-30, ओखला इण्डस्ट्रियल एरिया, फेज-II, नई दिल्ली-110 020
फोन	: 011-41611861
फैक्स	: 011-4161866
ई-मेल	: sales@dpb.com
वेबसाइट	: www.dpb.in
संस्करण	: 2008
प्रिंटर	: आदर्श प्रिंटर्स, नवीन शाहदरा, दिल्ली-32

Prahari O' Desh Ke

by: Udbhrant

स्मरण करते हुए

मैथिलीशरण गुप्त, त्रिशूल, नवीन,
एक भारतीय आत्मा, दिनकर, प्रभात,
सोहनलाल द्विवेदी, सुभद्राकुमारी चौहान,
श्याम नारायण पाण्डेय और माधव शुक्ल को–
जिनकी राष्ट्रीय रचनाओं ने
आजादी की प्राप्ति में
एक अहम् भूमिका निभाई;

और

सीमाओं पर तैनात
राष्ट्र के उन सजग प्रहरियों को–
जिनके सैकड़ों
जुझारू भाइयों ने
इस आजादी को बचाए रखने के लिए ही
अनेक युद्धों में
हँसते-हँसते
अपने प्राण होम दिए!

दो बातें आपसे*

'प्रहरी ओ देश' के नामक अपनी लगभग सम्पूर्ण राष्ट्रीय कविताओं का यह संग्रह आपके समक्ष प्रस्तुत करते हुए मुझे अतीव प्रसन्नता हो रही है। इन कविताओं के इस रूप में आकार लेने की एक पृष्ठभूमि है। मैं उसे आपके समक्ष रखने की इजाज़त चाहूँगा।

सदियों से जकड़ी गुलामी की जंजीरें तोड़कर यह देश 15 अगस्त, 1947 को आजाद हुआ था। आजादी के इस अमूल्य भवन को निर्मित करने में राष्ट्र के उन सजग प्रहरियों का बड़ा योगदान था–जो अंग्रेजी हुकूमत पर लगातार प्रहार करते हुए उसे कमजोर और जर्जर करने वाली–1857 के स्वातंत्र्य-संग्राम के लक्ष्मीबाई, नाना साहब, तांत्या टोपे, कुंवर, जफर, अजीमल तथा बाद में कांग्रेस और क्रांतिकारी दलों के दादा भाई नौरोजी, महात्मा गांधी, लोकमान्य तिलक, गोपालकृष्ण गोखले, सरदार वल्लभभाई पटेल, मोतीलाल नेहरू, नेताजी सुभाषचन्द्र बोस, जवाहर लाल नेहरू, मौलाना आजाद, डॉक्टर राजेन्द्र प्रसाद, जयप्रकाश नारायण, अरुणा आसफ अली, दार्शनिक क्षेत्र के रामकृष्ण परमहंस, विवेकानंद, योगीराज अरविंद, सर्वपल्ली राधाकृष्णन और विनोबा भावे तथा साहित्य-संस्कृति के क्षेत्र में गुरुदेव रवीन्द्रनाथ टैगोर, भारतेन्दु हरिश्चन्द्र, राष्ट्रकवि मैथिलीशरण गुप्त, गया प्रसाद शुक्ल सनेही 'त्रिशूल', माखनलाल चतुर्वेदी 'एक भारतीय आत्मा', बालकृष्ण शर्मा 'नवीन', माधव शुक्ल, पांडेय बेचन शर्मा उग्र, दिनकर, श्यामनारायण पांडेय, सुभद्राकुमारी चौहान, सरोजिनी नायडू जैसे अपने-अपने क्षेत्र के महान् स्वातंत्र्य-सेनानियों की–एक कभी न खत्म होने वाली कड़ी का निर्माण करते थे।

गोकि, राजनैतिक सौदेबाजी के चलते हमें सम्पूर्ण नहीं, खंडित आजादी मिली; जिसकी प्रतिच्छाया आजाद भारत के ऊपर इन पंक्तियों के लिखे जाने के क्षण तक लगातार मंडराती रही है और एशियाई परिवेश में जब तक कोई चमत्कारिक बदलाव दृष्टिगोचर नहीं होता, तब तक, नहीं लगता

---

* पूर्व प्रकाशित सजिल्द संस्करण की भूमिका

कि उस भयानक छाया से हमें निज़ात मिल सकेगी–जो कभी चीन के आक्रमण के रूप में (अखंड भारत पर आक्रमण करने का चीन स्वप्न भी नहीं देख सकता था), कभी पाकिस्तान के आक्रमण के रूप में, कभी कश्मीर, तो कभी बांग्लादेश की समस्या बनकर हमारे दुखते हुए घावों पर नमक की तरह बरसती रही है।

गोकि ऐसी स्थितियाँ जब-जब उत्पन्न हुईं, तब-तब इस टूटे और आधे-अधूरे भारत ने भी दिखा दिया कि जिस रूप में वह आजाद होकर विश्व के समक्ष उपस्थित है, उसकी मिट्टी से जन्मे सैनिकों में बहता फौलादी लहू ऐसी स्थितियों को मुँहतोड़ उत्तर देते हुए उन्हें सामान्य बनाने की क्षमता रखता है।

और इन विषम स्थितियों ने भारत की रचनाशीलता के लिए भी, राष्ट्र के सजग प्रहरियों के मनोबल में संवर्द्धन-हेतु, उत्प्रेरक का कार्य किया। हिन्दी सहित भारत की सभी भाषाओं के कवियों ने अपनी लेखनी से ओजस्वी राष्ट्रीय लहर को गुंजारित करते हुए जनता के साथ-साथ सेना के वीर जवानों के हौसले को बढ़ाने का अभूतपूर्व कार्य किया।

वर्ष 1955 और '58 में चाऊ एन लाई की भारत यात्रा और नेहरू की चीन यात्रा के दौरान 'हिन्दी चीनी भाई-भाई' के दोस्ताना नारे का उद्‌घोष करने वाले चीन ने वर्ष 1962 में भारत पर अचानक हमला करते हुए स्वप्नदर्शी पं. जवाहरलाल नेहरू को स्तब्ध-अवाक् कर दिया था और इसके तीन ही वर्ष पश्चात् उनके सुयोग्य उत्तराधिकारी श्री लाल बहादुर शास्त्री को हमारे अर्द्धांग, दूसरे निकटतम, शाश्वत पड़ोसी के हमले का शिकार होना पड़ा था। विडम्बना थी कि दोनों ही युद्धों के पश्चातवर्ती घटनाक्रमों ने दोनों संवेदनशील प्रधानमंत्रियों की अक्षय संवेदना पर पूर्ण विराम लगा दिया था। पंडित नेहरू ने उस पूर्ण विराम के लिए कुछ अधिक समय लिया। शास्त्रीजी तो युद्ध-विराम के साथ ही विराम पा गए।

हमारे इस दूसरे पड़ोसी ने बांग्लादेश के युद्ध में भी हमें बदनाम करने और उलझाने की बहुत कोशिश की, किन्तु स्वप्नदर्शी पं. नेहरू से जो चूक हुई थी, उनकी बेटी तत्कालीन प्रधानमंत्री श्रीमती इन्दिरा गांधी ने उसमें सुधार करते हुए अपने प्रगामी नेतृत्व से, उलटकर तेज हमला करते हुए, हमारे पड़ोसी को सही सबक सिखा दिया।

इन तीन विदेशी हमलों में भारत की रक्षक-वाहिनियों ने सभी स्तरों पर जो प्रचंड प्रत्याक्रमण किया– वह तो एक नज़ीर था ही, किन्तु उतना ही महत्त्वपूर्ण था समग्र भारत की रचनाशीलता का आन्दोलित होना; जिसमें शामिल थे–छायावादी युग के श्री सुमित्रानंदन पंत,

महादेवी वर्मा, रामकुमार वर्मा, केदारनाथ मिश्र प्रभात, द्विवेदी युग के राष्ट्र कवि मैथिलीशरण गुप्त, सियारामशरण गुप्त, छायावादोत्तर काल के बच्चन, दिनकर, अंचल, पं. नरेन्द्र शर्मा, राष्ट्रीय दौर के माखनलाल चतुर्वेदी; प्रयोगवादी दौर के अज्ञेय, शमशेर, रघुवीर सहाय, विजयदेव नारायण साही तथा समकालीन दौर के भी अनेकानेक कवि-लेखक और साहित्यकार।

इन युद्धों का – और इन युद्धों की अवधि में आंदोलित भारतीय रचनाशीलता का – मुझ पर भी गहरा प्रभाव पड़ा।

आज विश्लेषित करता हूँ तो पाता हूँ कि वर्ष 1959 से प्रारम्भ मेरी सृजन-यात्रा के पहले दशक में दूसरे रंगों के अतिरिक्त राष्ट्रीय चेतना भी मेरी कविता का जो एक अन्तर्भूत तत्त्व रही, उसके दो प्रमुख कारणों में एक कारण यही था, जिसकी चर्चा मैंने ऊपर की है। यानी मेरी सर्जना के पहले ही दशक में तीन-तीन युद्धों का मेरी काव्य-चेतना के भीतर से गुजरना।

दूसरा कारण भी था।

पूर्व में कहीं लिख चुका हूँ कि बहुत छोटी वय से कविता और उसके इतिहास में भी गहरी अभिरुचि होने के कारण मैंने हिन्दी कविता की पूर्ववर्ती प्रवृत्तियों का, उन्हें मुखर करने वाले रचनाकारों का और उनकी रचनाशीलता का गहन अध्ययन किया था। आदिकाल वीरगाथाकाल से लेकर रीतिकाल के एकमात्र राष्ट्रीय कवि भूषण और बाद में आधुनिक काल में खड़ी बोली के सभी महत्त्वपूर्ण कवियों का–जिनमें भारतेन्दु, माखनलाल चतुर्वेदी 'एक भारतीय आत्मा', गयाप्रसाद शुक्ल सनेही 'त्रिशूल', बालकृष्ण शर्मा 'नवीन' और माधव शुक्ल जैसे राष्ट्रीय चेतना के कवि भी शामिल थे–दिनकर, श्यामनारायण पाण्डेय, सुभद्राकुमारी चौहान और सोहनलाल द्विवेदी जैसे अपेक्षाकृत अधिक लोकप्रिय कवियों के अतिरिक्त–मैं अध्ययन कर रहा था।

अपने कॉलेज के समृद्ध पुस्तकालय के अतिरिक्त कानपुर के दो अन्य बड़े पुस्तकालयों मारवाड़ी लाइब्रेरी और मेस्टन रोड स्थित पुस्तकालय में इन सब रचनाकारों की राष्ट्रीय चेतना से आप्लावित रचनाधर्मिता के भीतर से गुजरते हुए मेरे कवि का निर्माण हो रहा था। हजारों-हजार सालों की गुलामी की जंजीरों से जकड़े राष्ट्र में मुक्ति का शंख फूंक नए उत्साह से उसे लबरेज करने वाली, स्वाधीनता के लिए अपना सर्वस्व निछावर करने को तत्पर, अभूतपूर्व राष्ट्रीय चेतना की गौरवशाली परम्परा मेरी स्वयं की रचनात्मक चेतना का एक अभिन्न हिस्सा बन चुकी थी। उसके पूर्णतः सक्रिय होने से पूर्व ही!

सरदार भगतसिंह, चन्द्रशेखर आज़ाद तथा सुभाषचन्द्र बोस–जिनके बारे में किम्वदन्ती प्रचलित थी कि वे जीवित हैं–रूस की किसी जेल में या भारत के किसी आश्रम के बाबा के रूप में–इन सभी के कार्यकलापों को पत्र-पत्रिकाओं में, पाठ्यक्रम की पुस्तकों में पढ़ते हुए मेरा मानस निर्मित हो रहा था–गोकि इस निर्मिति में और भी प्रभाव शामिल थे, जिनकी चर्चा यहां अभीष्ट नहीं।

सुभाषचन्द्र बोस को एक ऐसे हीरो के रूप में जाना जाता था, जो चमत्कारिक था और अपने अतुलनीय बल-बुद्धि-कौशल से विमान-दुर्घटना में भी बच निकला था तथा जिसका कोई भी कुछ नहीं बिगाड़ सकता था। चित्र-कथाओं के फैंटम, बैटमैन आदि नायकों की तरह, और फिल्मों के अमिताभ बच्चन की तरह। नेताजी का नांम बच्चों में जादुई स्फूर्ति पैदा कर देता था–चाहे वह कक्षा में अध्यापक द्वारा लिया जा रहा हो, या गणतंत्र दिवस/स्वाधीनता दिवस के समारोहों में उसका उल्लेख हो रहा हो। सभी ऐसा मानते थे कि नेताजी कभी भी, कहीं से प्रकट हो जाएंगे और देश को एक नया गतिशील नेतृत्व दे सकेंगे। इसका जीवंत उदाहरण उस काल की मेरी एक कविता है।

यद्यपि मैं अपनी विधिवत् रचनायात्रा का प्रारम्भ वर्ष 1959 से मानता हूँ, किन्तु उसके भी दो-तीन वर्ष पूर्व से – 8-9 वर्ष की अवस्था से ही, कक्षा पांच उत्तीर्ण करते-न-करते, कविता के क्षेत्र में–समझिए कि तुकबन्दी के क्षेत्र में–मेरा अभ्यास प्रारम्भ हो गया था। इस पृष्ठभूमि में, उस समय क़ॉपी के बीच में और पीछे के पन्नों पर, चोरी से लिखी गई, अपनी सैंकड़ों तुकबन्दियों में से एक मुझे अभी तक स्मरण है, जो–'आओ बच्चों तुम्हें दिखाएं झांकी हिन्दुस्तान की' की तर्ज़ पर लिखी गई थी और जिससे उस अवधि में मेरे कच्चे बाल-मन पर पड़ रहे उपर्युक्त प्रभावों का पता चलता है–'आओ बच्चों तुम्हें सुनाएं नेताजी की अमर कहानी!'

वर्ष 1962 में चीन के आक्रमण के समय मुझे रचनात्मक रूप से सक्रिय हुए तीन-चार वर्ष हो चुके थे। सृजन की यात्रा में वह अवधि कोई मायने नहीं रखती, किन्तु राष्ट्रीयता की जिस समृद्ध परम्परा को अध्ययन के द्वारा आत्मसात करता हुआ मैं सृजन में प्रवृत्त हुआ था, उसने मेरे भीतर जो अपार उत्साह और शक्ति भर दी थी, उसके चलते चीनी आक्रमण के प्रकाश में मैंने अल्प अवधि में ही पचासों कविताएं लिख डालीं, जो–स्वाभाविक है–शिल्प की दृष्टि से महत्त्वपूर्ण नहीं कही जा सकतीं, किन्तु जिनमें मेरे रचनाकार की अनेक बीज-प्रवृत्तियों (प्रगतिशील, प्रयोगधर्मी,

प्रकृतिपरक, श्रम के महत्त्व को प्रतिपादित करने वाली और राष्ट्रीय–छंद के विभिन्न प्रकारों, गीत, ग़ज़ल, मुक्तक में आबद्ध, छंदमुक्त, राष्ट्र-निर्माताओं का श्रद्धायुक्त स्मरण, अन्य भाषाओं के श्रेष्ठ साहित्य का हिन्दी में अनुवाद–अंग्रेज़ी के अनेक कवियों की कविताओं के मैंने उस काल में अनुवाद किए और 'मेघदूत' के भी प्रारम्भ के 15 श्लोकों का रूबाइयों में काव्यानुवाद किया) में से एक पूर्ण प्रखरता के साथ मौजूद थी–राष्ट्रीय काव्यधारा। उस अवधि में चीनी आक्रमण के प्रतिरोधस्वरूप लिखी गई कविताओं की संख्या सबसे अधिक थी।

वर्ष 1986 में मैंने अपनी प्रारम्भिक कविताओं को प्रकाशित कराने का निर्णय किया। प्रारम्भिक काल की सभी कविताएं तो मुझे उस समय नहीं मिलीं थीं। जो भी मिलीं, उनको लेकर मैंने संग्रह निकाला–'प्रथम किरण'। शेष प्रारम्भिक कविताओं का संग्रह 'किरणों के रथ पर' शीर्षक से वर्ष 1988 में निकाला। प्रौढ़ावस्था में प्रारम्भिक कविताओं के प्रकाशन के समस्त खतरों को उठाते हुए!

'दो बातें आपसे' के अन्तर्गत 'प्रथम किरण' के प्रकाशन के समय आपको सम्बोधित करते हुए मैंने लिखा था– "कविता के प्रथम चरण को अँधेरे में बने रहने देना तर्कसंगत नहीं है। क्योंकि, दरअसल वह प्रथम चरण ही आपकी मानसिक जड़ता के अँधेरे से फूटती प्रथम किरण है, जिसे गुमनामी के अंधकार में बने रहने देना उस प्रथम किरण की अवमानना करना है। उस किरण की, जो प्रकाश की यात्रा में अन्ततः प्रखर सूर्य बनकर दैदीप्यमान होती है। वह प्रथम किरण मील के पत्थर के रूप में होती है, जो आपको इस बात का सतत अहसास कराती रहती है कि आपकी यात्रा की शुरुआत क्या थी, और आपने क्या दूरी तय कर ली है? उसे गुमनामी के अँधेरे में छोड़ देना सत्य से साक्षात्कार न करने की कमज़ोरी को प्रदर्शित करता है!"

तदनंतर मैंने यह भी स्पष्ट किया था कि "आज कविता का स्वरूप बहुत भिन्न हो चुका है। स्वयं मेरी कविता में भी बड़ा परिवर्तन आ गया है। फिर भी मैं इस संग्रह को आपके हाथों में इस विश्वास के साथ सौंप रहा हूँ कि मेरी कविता की बीज-प्रवृत्तियों को आप इसमें अपने अनगढ़ रूप में पा सकेंगे। मेरा ख्याल है कि इस संग्रह का महत्त्व इसी दृष्टि से आँका जाना चाहिए, न कि इस दृष्टि से कि ये कविताए किस कोटि की हैं और साहित्य के मौजूदा मानकों के अनुसार ये कहां ठहरती हैं।'

('प्रथम किरण')

वर्ष 1965 में पाकिस्तान ने भारत पर आक्रमण किया और तीन ही वर्ष के अंदर सम्पूर्ण राष्ट्र एक बार पुनः युद्ध की विभीषिका से घिर गया। तत्कालीन प्रधानमंत्री श्री लालबहादुर शास्त्री के 'जय जवान जय किसान' जैसे ओजस्वी नारे से उत्प्रेरित देश का हर नागरिक–बच्चा, बूढ़ा, जवान और माताएं-बहनें अपनी-अपनी सामर्थ्य भर राष्ट्र की रक्षा के उस पवित्र यज्ञ में अपनी आहुति देने लगे। रचनाकर्मी पीछे नहीं थे। एक बार फिर हर भाषा के कवि ने ओजस्वी प्रेरक रचनाओं से अपने देश के लिए युद्ध-रत सैनिकों के मनोबल को शीर्ष पर पहुंचाया। उस समय मैंने पुनः अनेक ऐसी कविताएं लिखीं, जो उस महान् यज्ञ में मेरे संक्षिप्त अंशदान के रूप में पहचानी जा सकती हैं।

वर्ष 1965 का युद्ध हमने अपने बहादुर सैनिकों के अपराजेय पराक्रम की बदौलत जीत लिया था। पर दुःख के साथ स्मरण करना पड़ रहा है कि ऐसी महत्त्वपूर्ण जीत को हम विदेशी धरती पर–जो हमारे एक तत्कालीन मित्र की धरती थी–राजनीति की चौसर पर हार गए! लालबहादुर शास्त्री जैसा जीवट का प्रधानमंत्री भी आंतरिक रूप से इस सदमे को बर्दाश्त न कर सका और उसने अपनी बलि दे दी। मैंने शास्त्रीजी के निधन पर कविता लिखी–'लो आज पुनः यह वज्र गिरा'। यह कविता 'किरणों के रथ पर' में मैंने संकलित की है–हालांकि उक्त संग्रह की अधिकांश कविताएं वर्ष '62 की अवधि तक की ही हैं। वर्ष 1976 में 'आग बोलती हैं' के प्रकाशन के समय यह कविता मुझे मिल नहीं सकी थी।

वर्ष 1965 के युद्ध में हमने जीत तो हासिल की थी, किन्तु तीन वर्षों के अंदर हुए दो युद्धों ने राष्ट्र को आर्थिक मोर्चे पर जर्जर कर दिया था। उस समय राष्ट्र के पुनर्निर्माण और पुनरोत्थान के लिए, समाज के विभिन्न वर्गों को एक सूत्र में बाँधने के लिए संकल्पबद्ध होकर अनथक कार्य करने की आवश्यकता थी। प्रेरणा के लिए राष्ट्र के गौरवशाली अतीत को, उसके सौंदर्य-चित्रों को भी उपस्थित करना आवश्यक था। श्रम की महत्ता, खेतों में हल चलाते किसानों और लहलहाती फसलों से उठती लोकधुनों तथा कारखानों में मशीनों के संगीत के बीच में निःसृत, श्रमिकों के पसीने से निर्मित, एक नए राष्ट्र के स्वरूप को हमें आकार देना था।

आने वाले चार-पांच वर्षों में जो कविताएं लिखी गईं, उनमें बहुत-सी कविताएं उपर्युक्त नज़रिये को ध्यान में रखकर ही लिखी गईं। वर्ष '60 से ही चूंकि मुझे प्रकाशन भी मिलने लगा था और वर्ष '62

से मैं अखिल भारतीय कवि-सम्मेलनों में भी सम्मिलित होने लगा था; तो ऐसी कविताएं हिन्दी की प्राय: सभी लोकप्रिय पत्र-पत्रिकाओं में प्रकाशित होती रहीं और कवि-सम्मेलनों के मंचों पर श्रोताओं का समर्थन और वाहवाही भी प्राप्त करती रहीं। 'ये धरती फूलों वाली', 'उसे सलामी दें', 'प्रहरी ओ देश के', 'तमस-रेखा सूर्य से टकरा रही है', 'ये मजदूरों की बस्ती', 'किरणें मुस्काकर बोलीं' आदि गीत इसी कोटि के हैं।

'62 के बाद सातवें दशक के अंत में मैंने कविता की यात्रा में अपने क़दम जिस गति से बढ़ाए, उसे 'पांखुरी-पांखुरी', 'देह चांदनी', और 'हिरना कस्तूरी' संग्रहों के माध्यम से देखा जा सकता है; जिनमें गीत से प्रारम्भ होकर मैंने नए गीत के तात्कालिक आंदोलन 'नवगीत' के अन्तर्गत भी अनेक गीत लिखे। किन्तु यहां उनकी चर्चा अभीष्ट नहीं। यह उल्लेख इस बात का संकेत करने के लिए किया गया, कि उपर्युक्त कारण से ही वर्ष 1959 से वर्ष 1962 तक की मेरी कविताओं के संग्रह 'प्रथम किरण' में सम्मिलित मेरी राष्ट्रीय कविताओं में शिल्पगत स्तर पर बड़ा परिवर्तन आ गया था, और मैं शत्रु को उसका नाम लेकर फटकार लगाने की स्थूल कविताई से बिम्बों और प्रतीकों के माध्यम से अपनी बात को उसी प्रभाव के साथ कहने की सूक्ष्म कविताई की ओर प्रवृत्त हुआ था। शायद इसी कारण मित्रों का कहना है कि वर्ष 1963 से 1969 के मध्य रचित मेरी अधिकांश राष्ट्रीय कविताएं आज भी प्रासंगिक हैं। 'प्रथम किरण' में भी ऐसी अनेक कविताएं हैं, किन्तु जिन कविताओं में चीन का नामोल्लेख आ गया है, वहां वे केवल तात्कालिक महत्त्व की होकर ही रह गई हैं, और उन्हें तात्कालिक संदर्भों के साथ ही देखना होगा।

वर्ष 1976 में समकालीन कविताओं के संग्रह 'नाटकतंत्र तथा अन्य कविताएं' गीत-नवगीत संग्रह 'प्राण फिर बीन' में एवं ग़ज़ल-संग्रह 'गंध नहीं है' के साथ मैंने वर्ष 1963 से '69 तक की अपनी उक्त राष्ट्रीय कविताओं का संकलन 'आग बोलती है' भी प्रकाशित किया। पुस्तक का प्रथम संस्करण उसी वर्ष समाप्त हो गया, किन्तु प्रकाशन की कठिनाइयों के कारण मैं उसका द्वितीय संस्करण वर्ष 1988 में ही निकाल सका। 500 प्रतियों का वह संस्करण भी उसी वर्ष खत्म हो गया और अब वह संग्रह अप्राप्य है।

15 अगस्त, 1996 से आज़ादी की 50वीं वर्षगांठ पूरे देश में मनायी जा रही है। मुझे लगा कि इस अवसर पर 'आग बोलती है' का पुनर्प्रकाशन उपयुक्त रहेगा। इस सम्बन्ध में मैंने प्रवीण प्रकाशन के श्रीकृष्ण जी से चर्चा की। उनसे बातचीत के बाद यह निष्कर्ष निकला कि

मेरे समग्र कविता-कर्म में से राष्ट्रीय चेतना की प्रेरक और प्रमुखतया गेय रचनाएं संग्रहीत कर राष्ट्र के सजग प्रहरियों के लिए आजादी की 50वीं वर्षगांठ का उपहार भेंट किया जाए। इस क्रम में उपरोल्लिखित, प्रारम्भिक कविताओं के दोनों संग्रहों 'प्रथम किरण' और 'किरणों के रथ पर' में दर्जनों कविताएं मिलीं। इनके अलावा मुक्तक-संग्रह 'गजरा' में इसी के कुछ मुक्तक मिले। पुस्तक में उक्त सभी रचनाओं को शामिल कर लिया गया।

संग्रह में गीत के नए आंदोलन के अन्तर्गत लिखी गई राष्ट्रीय रचनाओं को शामिल करने का विचार त्यागना पड़ा, क्योंकि सेना के जवानों तथा सेना में भर्ती हो रहे या होने वाले आम युवा-जन—जिनके हाथों तक पुस्तक को पहुँचाना इस प्रकाशन का अभीष्ट है—के लिए ये रचनाएं समझ से परे होतीं, क्योंकि उनकी बिम्बधर्मिता और अपनाया गया शिल्प-विधान सैनिकों के लिए 'आग बोलती है' की कविताओं में प्रयुक्त सहज बिम्बों और शिल्प से भी अधिक दुरूह होता।

तो इस प्रकार रूपरेखा बनी प्रस्तुत संकलन की—'प्रहरी ओ देश के'। इस पर आपकी प्रतिक्रिया मैं अवश्य जानना चाहूँगा।

—उद्भ्रांत

भूमिका

'प्रहरी ओ देश के' का नया संस्करण डायमंड पॉकेट बुक्स से आ रहा है, यह मेरे लिए अतीव प्रसन्नता का विषय है। जनवरी, 1997 को तत्कालीन रक्षामंत्री श्री मुलायम सिंह यादव ने विट्ठल भाई पटेल हाउस के स्पीकर हाल में पुस्तक के जिस संस्करण का लोकार्पण किया, वह कहने को तो पहला था, मगर उसमें शामिल राष्ट्रीय कविताएं पूर्व में दो बार अलग-अलग शीर्षकों से प्रकाशित हो चुकी थीं। अस्तु, वास्तव में वह पुस्तक का तृतीय संस्करण था (जैसा कि कुछ समीक्षकों ने लक्षित भी किया)। इस तरह वर्तमान शीर्षक के अंतर्गत तो कृति का यह दूसरा संस्करण ही है, किन्तु वास्तव में यह चौथा है। और पॉकेट बुक में पहला।

इससे यह तो सिद्ध ही है कि संग्रह की कविताएं, जिनका रचनाकाल आप प्रारंभिक कविताओं के मेरे संग्रह 'प्रथम किरण' की भूमिका पढ़ कर जान चुके हैं, जनसाधारण में इस सीमा तक लोकप्रिय हुईं कि उसमें इन्हें खरीद कर पढ़ने की उत्सुकता भी जगी। विश्वास है कि डायमंड के पॉकेट संस्करण में ये और भी बड़े पाठक-वर्ग तक पहुँचेंगी और राष्ट्र के प्रति अपनत्व की भावना को और बल देंगी।

चूँकि लेखन का प्रारम्भिक काल था और मेरा नवोदित कवि पहले चीन और बाद में पाकिस्तान के साथ युद्ध की विभीषिका से गुज़र रहा था, इसलिए इतनी बड़ी संख्या में राष्ट्रीय कविताएं लिखी जा सकीं। मेरे एक मित्र ने कहा कि इतनी अधिक राष्ट्रीय कविताएं तो स्वतंत्रता-प्राप्ति के बाद दिनकर जी को छोड़ शायद ही किसी अन्य हिन्दी कवि द्वारा लिखी गई हों।

पुस्तक के इस संस्करण के परिशिष्ट में विभिन्न पत्र-पत्रिकाओं में प्रकाशित कतिपय समीक्षाओं को भी दे दिया गया है, ताकि सामान्य पाठक इनके साहित्यिक महत्त्व को समझ सकें। मौजूदा समय में देश पर अभी भी संकट के बादल मँडरा रहे हैं– आन्तरिक और बाह्य दोनों

तरह के। इस परिस्थिति में ये कविताएं सामान्य पाठक वर्ग में अपनी उपयोगिता सिद्ध करेंगी, कवि की यह आशा निरर्थक तो नहीं कही जा सकती।

–उद्‌भ्रांत
11.01.07

'अनहद'
बी–463, केन्द्रीय विहार,
सेक्टर–51
नोएडा–201307

अनुक्रमणिका

मूल्यांकन

परिशिष्ट

एक चपाती

(1857 की 150वीं जयंती पर कवि उद्भ्रात की एक सद्य:रचित राष्ट्रीय कविता)

एक चपाती
प्यार लुटाती
गीत सुनाती
देखो आती

एक चपाती
नाच नचाती
रंग उड़ाती
देखो आती

एक चपाती
झंडा गाती
तोप झुकाती
देखो आती

एक चपाती
गदर मचाती
बिगुल बजाती
देखो आती

एक चपाती
क्रांति सिखाती
स्वप्न दिखाती
देखो आती

– 13.05.2007, रात्रि 1.15 बजे, नोएडा

'समकालीन जनमत' (त्रैमासिक), पटना, जुलाई-सितम्बर, 2007

आग बोलती है

मेरे भीतर की आग बोलती है

गलियों-चौराहों पर
कोलाहल है
जंगल में उमड़ रहा
दावानल है
यह कैसी अजब आग है जो भाई–
मेरी पलकों के बीच डोलती है
मेरे भीतर की आग बोलती है

यह सड़क कि लाशों
से है पटी हुई
सभ्यता बीच में से
है कटी हुई
यह गंध आज गंगा के पानी में
विद्वेष घृणा के बीज घोलती है
मेरे भीतर की आग बोलती है

यह सदी चोट खाई-सी
लगती है
हिंसा अँगड़ाई लेकर
जगती है

जो आदिम युग इतिहास बन चुका था
उसके पन्नों को हवा खोलती है
मेरे भीतर की आग बोलती है

•••

कुहरा फैलता ही जा रहा है

स्वर्ण-मंडित घाटियों के गर्भ में
आज कुहरा फैलता ही जा रहा है

किरण वाली सीढ़ियाँ थीं
आज सहसा गिर गई हैं
और कुछ काली घटाएँ
आसमाँ पर तिर गई हैं
सत्य की आवाज़ को फिर यहाँ से
असद् आज धकेलता ही जा रहा है

जा रहा है जो हमें नित
महमहाती धूप देता
जो हमारे प्राण में बस
नित्य नूतन रूप देता
रोशनी का फ़रिश्ता क्यों इस तरह
कठिन दर्द उँडेलता ही जा रहा है

देखता हूँ आज दिन की
हँसी उससे छिन गई है
मौत के भुजपाश में ज्यों
बँध कोई कमसिन गई है

काल जाने क्यों धरा के मंच पर
खेल गहरा खेलता ही जा रहा है

●●●

दोष देना मत मुझे

तमस-रेखा सूर्य से टकरा रही है
साथियो! अब दोष देना मत मुझे तुम

दोष मत देना अगर रवि धैर्य छोड़े
झपट कर गर्दन अँधेरे की मरोड़े
चूर कर दे आततायी का दुराग्रह
रक्त की आखिरी बूँदें भी निचोड़े
आँख अब अँधियार की पथरा रही है
तमस-रेखा सूर्य से टकरा रही है
साथियो! अब दोष देना मत मुझे तुम

दिख रहीं ग़मगीन व्याकुल ये दिशाएँ
अब गई हैं उजड़ तारों की सभाएँ
ज्योतिवाहक आज प्रलयंकर हुआ है
जुड़ गईं इतिहास में नूतन कथाएँ
हार चुपके से उधर कतरा रही है
तमस-रेखा सूर्य से टकरा रही है
साथियो! अब दोष देना मत मुझे तुम

क्रोध का ज्वालामुखी अब फूटता है
वज्र साँसों का अनय पर छूटता है
प्राण से लपटें उफनती आ रही हैं
शांति का देवता अब तो रूठता है
शक्ति अत्याचार की चकरा रही है
तमस-रेखा सूर्य से टकरा रही है
साथियो! अब दोष देना मत मुझे तुम

एक भारतीय का घोषणापत्र

मेरे सम्मुख छोटे हो जाते हैं अनंत
बस इस दुर्गुण के कारण ही
मैं सारी दुनिया में बदनाम हो गया हूँ

है पता नहीं क्या बात कि सागर मेरे चरण पखारे
बरसों से पवन धूल मेरे कमरे की रोज बुहारे
प्रात: होते ही सूरज झुक कर मस्तक रोज नवाता
औ' दिशा-दिशा का चारण मेरी कीर्ति जोर से गाता

क्रोधित हो जब अपने शरीर के अवयव मैं फैलाता
मेरे सम्मुख छोटे हो जाते हैं दिगंत
बस इस दुर्गुण के कारण ही
मैं सारी दुनिया में बदनाम हो गया हूँ

फहराता मेरा तारक-ध्वज है नील-गगन के दिल में
लहराता है सारी धरती का जल मेरी अंजलि में
मेरे शरीर के हर कण में अनगिन हिमवान भरे हैं
मेरी रक्षा की खातिर यम ले तीर-कमान खड़े हैं

अपनी विचार-नौका जब भावों के समुद्र में खेता
मेरे सम्मुख छोटे हो जाते हैं महंत
बस इस दुर्गुण के कारण ही
मैं सारी दुनिया में बदनाम हो गया हूँ

•••

प्रहरी ओ देश के

प्रहरी ओ देश के
सावधान हो!
आ पहुँचा है दुश्मन फिर द्वार पर
नहीं कमलवन में तू अब यों विचर
सावधान हो
सावधान हो
सावधान हो जा ओ देश के सजग प्रहरी
प्रहरी ओ देश के!

छा गई हैं चारों ओर लपटें अब दूर-दूर
हो गई हैं सारी मृदु कल्पनाएँ चूर-चूर
भारत माँ के ओ लाल
म्यान से असि ले निकाल
बरसा दे चेहरे पर देशवासियों के नूर
गौरव ओ देश के
सावधान हो!
एक बार फिर से अब कस ले कमर
दिखला दे शत्रु को खून का असर
सावधान हो
सावधान हो
सोनिल पन्नों पर कालिख जाती है बिखरी
सत्य के सजग प्रहरी
प्रहरी ओ देश के!

हरे-भरे उपवन में किसने है लगा दी आग
देवभूमि पर अब किसने छेड़ा है युद्ध-राग
ओ रसभीनी घटाओ
आज नहीं इधर आओ
माँ ने नौजवानों के खून से भरी है माँग
शंकर ओ देश के
सावधान हो!
भस्मासुर चुपके से आया उतर
धोखे से काट लेने तेरा सर
सावधान हो
सावधान हो
देख मौत की छाया अब उस पर ही लहरी!
धर्म के सजग प्रहरी!
प्रहरी ओ देश के!

देख चुनौती तेरे पौरुष को देता कोई
देख लगतीं आज नभ की आँखें खोई-खोई
अब उसे सचेत कर दे
और नवल स्फूर्ति भर दे
सदियों से जो थी तेरी कीर्ति अभी तक सोई
विक्रम ओ देश के
सावधान हो!
काल-चक्र मचा रहा है अब क़हर
प्राण-वायु कर रही शून्य में सफर
सावधान हो!
सावधान हो!

तोड़ दी किसी ने आज प्रेम-शांति की लड़ी!
शांति के सजग प्रहरी!
प्रहरी ओ देश के!

मौसम में तीखापन अब जाने क्यों आया है
जाने किसने अब ज्योति-किरण को भरमाया है
कैसा ये समाँ छाया
कौन बुला अमा लाया
किसने अँधियार मधुवन में अब ला बिछाया है
ज्योतिपर्व देश के
सावधान हो!
आया है सामने कठिनतम प्रहर
टकराई है तम की भीषण लहर
सावधान हो
सावधान हो
घुस जावे अंधकार में तेरी असि गहरी!
ज्योति के सजग प्रहरी!
प्रहरी ओ देश के!

आज तो सितारे भी पड़ते हैं दिखाई मौन
नहीं पता चाँद की जगह पर आ गया है कौन
वायु भी घबराई-सी
किरण भी मुरझाई-सी
फैल गया दूर तलक कैसा जहरीला त्रिकोण

सर्जक ओ देश के
सावधान हो!
आज श्री-हीन न हो पावे दिनकर
दिखला दे रूप अपना प्रलयंकर
सावधान हो!
सावधान हो!
आसमान में कोई काली छाया उभरी!
सूर्य के सजग प्रहरी!
प्रहरी ओ देश के!

कोयल के मीठे बोल बंद हो गए हैं आज
गूँजते कभी जो, मौन छंद हो गए हैं आज
जिन्हें सुन हृदय डोला
जिन्हें सुन प्रणय बोला
सपनीले गीत वे दुर्गंध हो गए हैं आज
केवट ओ देश के
सावधान हो!
धुएँ में घिरा है गुलाब का शहर
देख नहीं हो पावे यह खंडहर
सावधान हो
सावधान हो
छोड़ दे अरे कि कुछ समय के लिए बंसरी!
राष्ट्र के सजग प्रहरी
प्रहरी ओ देश के!

•••

मचल देश की ओ जवानी

मचल देश की ओ जवानी मचल
बदल देश की अब कहानी बदल

खड़ा हो अरे हो जा अब तू खड़ा
बढ़ा तू समर-भूमि में पग बढ़ा
अरे शत्रु को ठोकरें मार कर
उड़ा तू विजय-पताका अब उड़ा
देखना चाहती माँ तुझे जिस रूप में
उसी रूप में, स्वरूप में
कि ढल देश की ओ जवानी कि ढल
बदल देश की अब रवानी बदल

कमर कस के हो जा अरे तैय्यार
प्रहर युद्ध का आ गया होशियार
हाँ तेरे अखंडित पराक्रम को
समर भूमि में देखे अब संसार
न ललकार सहती तू कभी जिस खून में
उसी खून में, जुनून में
उबल देश की ओ जवानी उबल
बदल देश की ये कहानी बदल

प्रलय-ज्वाल को समेटे आज चल
अरे काल को लपेटे आज चल
ध्वस्त करने ताकत दानवों की
शंभु के अजेय बेटे आज चल
मौत से लिपटती तू कभी जिस जोश में
उसी जोश में, खरोश में
मचल देश की ओ जवानी मचल
बदल देश की ऋतु सुहानी बदल

किरन के बान

अथक संघर्ष की पटरानी हूँ
अजब जीवन की मैं कहानी हूँ
कर दूँ क्या किस समय न खुद जानूँ
मैं तो धधकी हुई जवानी हूँ

हम चले हैं धधकते अरमान लेकर
हम चले हैं मौत का फ़रमान लेकर
ध्वस्त कर देने अमा के रांज्य को
हम चले हैं ये किरन के बान लेकर

ये धरती फूलों वाली

ये धरती फूलों वाली
ये धरती शूलों वाली
ये मेरे देश की धरती फूलों-शूलों वाली रे

लोट रहे जो छाती पर वे मधुवन इसके राजमहल
निश-वासर होती है जहाँ उमंगों की ही चहल-पहल
यहाँ खुशी की छिड़ती रहती रोज़ अनूठी एक ग़ज़ल
गंगा के पानी में यहाँ खिले हैं साठ करोड़ कमल
यहाँ घुली है एक अनूठी रंगीनी
खुशबू नाच रही देखो भीनी-भीनी
ये धरती चंदन वाली
ये धरती वंदन वाली
ये मेरे देश की धरती झुक-झुक वंदन वाली रे

इसके यमुना-तट पर देखो डोल रहा है साँवरिया
नृत्य कर रही है उसके होठों पर मादक बाँसुरिया
रख जमीन पर भरी हुई पानी से अपनी गागरिया
दौड़ रही है गोपी उसकी उमर हो गई बावरिया
देखो मोहन रचा रहा है रास यहाँ
बढ़ती जाती है नयनों की प्यास यहाँ
ये धरती सोने वाली
ये धरती टोने वाली
ये मेरे देश की धरती जादू-टोने वाली रे

उगते सूर्य हज़ारों हैं यदि आँख दिखाता अँधियारा
पानी की कुछ बूँदों पर गिरता है जैसे अंगारा
इस मिट्टी में वो ताकत है मोड़ दिया करती धारा
सारी दुनिया का पौरुष केवल इसके सम्मुख हारा
वातावारण यहाँ का गर्म दीखता है
इसकी गर्मी से संसार चीखता है
ये धरती बबूल वाली
ये धरती त्रिशूल वाली
ये मेरे देश की धरती शिव के त्रिशूल वाली रे

●●●

मँझधार में है

क्या करूँ है आ रहा तूफ़ान
नाव मेरी पर अभी मँझधार में है

घिर रही हैं सब तरफ काली घटाएँ
ज़हर गोदी में लिये चलतीं हवाएँ
सब तरफ निस्तब्धता का राज्य दिखता
क्या करेंगी आज वे पावन ऋचाएँ

सत्य की भी ज्योति दिखती म्लान
क्या करूँ है आ रहा तूफान
नाव मेरी पर अभी मँझधार में है

ये अँधेरा प्राण में भी छा रहा है
पीर की बाँसुरी बनकर गा रहा है
था तुम्हारा सगा आगे भी रहूँगा
किस क़दर कहकर मुझे बहला रहा है

रूठ मुझसे गया है दिनमान
क्या करूँ है आ रहा तूफान
नाव मेरी पर अभी मँझधार में है
श्वास-वन से धुआँ-सा क्यों निकलता है
धैर्य्य का हिमवान क्यों अब पिघलता है
और ये भी समझ में आता नहीं है
आज कुंठा-सर्प क्यों फिर मचलता है

अशुभ-सूचक-चिह्न हैं उपमान
क्या करूँ है आ रहा तुफ़ान
नाव मेरी पर अभी मँझधार में है

गीतकार से

पीड़ा के बहुत गीत गाए हैं तुमने
अब समय कह रहा गीतों के स्वर बदलो
अपने गीतों के स्वर बदलो

है नहीं ज़रूरत दर्द-भरे नग़मों की
जिनको सुनकर पुरुषत्व देश का पिघले
लोहा जिनको सुनकर कुंठित हो जावे
लोहू रग-रग में पानी होकर मचले
गीतों में प्राण-प्रतिष्ठा करने वाला,
यह हृदय कह रहा गीतों के स्वर बदलो
अपने गीतों के स्वर बदलो

हो खड़ा द्वार पर दुश्मन जब ललकारे
तब गीत दर्द के गाना है कायरता
जब रिपु की दृष्टि दबोचे माँ का अंचल
तब वंशी अधरों पर रखना पामरता
छंदों का नायक छंदों के गायक से
हो सदय कह रहा गीतों के स्वर बदलो
अपने गीतों के स्वर बदलो

इस विकट घड़ी में मैं भी सोच रहा हूँ
वंशी को फेंक कटार हाथ में ले लूँ
नयनों में आशाओं के दीप समेटे
हर भारतीय का प्यार साथ में ले लूँ
वेदना बनी दुलहनिया जिसकी हँसकर
मैं अभय कह रहा गीतों के स्वर बदलो
अपने गीतों के स्वर बदलो

गीत समय के गाऊँगा

रूपसि मुझसे मत करवा मनुहारें तू
अब कुछ दिन मैं गीत समय के गाऊँगा

मातृभूमि संकट में मुझे दीखती है
मेरी सुप्त भावना आज चीखती है
सीमा पर से कोई मुझे बुलाता है
मेरा कवि अब रह-रहकर अकुलाता है

वापस ले ले अपनी प्रणय-पुकारें तू
अब कुछ दिन मैं गीत समय के गाऊँगा

वातावरण बहुत घबराया लगता है
एक अकेलापन कण-कण में जगता है
प्यार-भरी सारी बातें मैं भूल गया
कठिन परिस्थिति के घेरे में झूल गया

दिखला मत यौवन की मधुर बहारें तू
अब कुछ दिन मैं गीत समय के गाऊँगा

आलिंगन की बात उस समय आएगी
जब मेरी अनुभूति मुझे बतलाएगी
संकट मेरी धरती पर से भाग गया
मेरी मिट्टी का पौरुष फिर जाग गया

मुझे सुना मत गहनों की झंकारें तू
अब कुछ दिन मैं गीत समय के गाऊँगा

ओ मतवाले

ओ मतवाले जाग जाग गहरी निद्रा से जाग!
देख निगलने तुझे खड़ी है आज भयंकर आग!
ओ मतवाले जाग!

आज रक्त से दूर-दूर तक
सना क्षितिज का माथ
टूट गया है आज देख ले
किरन-परी का हाथ

ओ मतवाले आलस, अकर्मण्यता सब कुछ त्याग!
गूँज उठे फिर इस धरणी पर तेरा भैरव-राग!

देख हो गया घायल अपना
प्रहरी अचल हिमालय
और धराशायी होता जाता
है देख शिवालय

ओ मतवाले शौर्य्य-परीक्षा में पीछे मत भाग!
देख न लगने पाए तेरी अमर कीर्ति में दाग़!

दौड़ रही हैं काली रेखाएँ
पूरब की ओर
व्याप्त हो रहा भूमण्डल पर
अंधकार का शोर
ओ मतवाले शरण अँधेरे की तू यों मत माँग!
और जला दे बुझा हुआ सदियों का युद्ध-चिराग!

रह-रह कर अब कौंध रही है
चपला नभ के बीच

विकट परिस्थितियों से सारा
देश गया है सींच

ओ मतवाले इतनी जल्दी मत ले तू बैराग!
सूख गए हैं देख देश के सारे कूप-तड़ाग!

सहमी-सहमी डोल रही हैं
आज दिशाएँ देख
लहराती है सभी तरफ़ अब
कुटिल भाग्य की रेख

ओ मतवाले उठा रहे फ़न अपना मणिधर नाग!
सावधान! अन्यथा उजड़ जायेगा तेरा बाग!
ओ मतवाले जाग!

•••

पंथी रुके क्यों?

राह में पंथी रुके क्यों?

ठीक है नभ गर्जनाएँ कर रहा है
हृदय में शंका बहुत-सी भर रहा है
चाल मारुत की भयंकर हो चली है
और धरती धैर्य अपना खो चली है
थरथराते पंख उनके ही कि जो सामान्य हैं
किन्तु तुम तो हो असाधारण-पखेरू;
तुम झुके क्यों?
राह में पंथी रुके क्यों?

डगमगाने लगा है भूगोल सारा
हिल रहा हो थाल में जिस तरह पारा
आज कुहरा सूर्य पर छाने लगा है
नाश अपने गीत फिर गाने लगा है
किन्तु विपदाएँ कभी तुमको डिगा सकती नहीं हैं
तुम भगीरथ हो कि अपनी पीठ सम्मुख
कर उठे क्यों?
राह में पंथी रुके क्यों?

दिख रही है आज मुझको विजय-वेला
इसलिए बढ़ चल बटोही तू अकेला
जब किनारे को पकड़ कर झूम लेगा
गगन तेरे पाँव आकर चूम लेगा
तब न मंज़िल कह सकेगी प्राण-प्यारे ओ छली
दे निमंत्रण स्वयं चुम्बन का कि पीछे
तुम हटे क्यों?
राह में पंथी रुके क्यों?

आगे बढ़े क़दम

आगे बढ़े क़दम!

तूफान आए सामने
ये पाँव तेरे थामने
तब याद कर उस शक्ति को
जो दी तुझे है राम ने

फिर तोड़ दे फ़ौरन बली तूफान का भरम!
आगे बढ़े क़दम!

इन विषधरों को खत्म कर
इन बेसुरों को खत्म कर
तू शीघ्रता से युद्ध के
कामातुरों को खत्म कर

है तुझको आज अपनी माँ के दूध की क़सम!
आगे बढ़े क़दम!

इस रक्तपात से न डर
इस चक्रवात से न डर
जो घेर रही है तुझे
उस कठिन रात से न डर
ये सब तेरे विवाह के एहले की हैं रसम!
आगे बढ़े क़दम!

जो काँटे

जो काँटे करते हैं हिम्मत आने की अपने बाग में
तुम उनके दुस्साहस को तोड़ो दोस्तो!

यह चमन जहाँ रहता फूलों का वास है
जिसके आँगन में उड़ती मधुर सुवास है
हो गया विषबुझा वातावरण आज जिसका
जिसके पहलू में चंदन का अधिवास है
जिस मतवाले ने चाहा कंकड़ फेंके भरे तड़ाग में
तुम उसके संग-साथ को छोड़ो दोस्तो!
उसके कपटी हाथों को तोड़ो दोस्तो!

यह कौन खड़ी है निर्वसना-सी राह में
यह कौन चाहता उसे भींचना बाँह गें
की जिसने माँ के ऊपर टेढ़ी दृष्टि अरे
तुम आग लगा दो उसकी विकृत चाह में
धूल फेंकनी चाही जिसने माँ की सिन्दूरी माँग में
तुम उसका स्वप्न-घरौंदा फोड़ो दोस्तो!
उसकी स्वप्निल रातों को तोड़ो दोस्तो!

कानों में घोल रहा कोई संगीत है
प्रागों में चुपके-चुपके उतरा मीत है
मैं समझ नहीं पाया हूँ अब तक साथियो
क्यों कोई इस स्वर्णिम सुख के विपरीत है
हैं खलल डालते जो वीणा के छिड़े हुए मधुराग में
तुम उनके इस बहाव को मोड़ो दोस्तो!
उनकी जर्जर बातों को तोड़ो दोस्तो!

अब उठो और इनके विरुद्ध हुंकार दो
इन प्रगतिविरोधी तत्त्वों को ललकार दो
भरकर ज्वाला नयनों में, आँधी साँस में
इनकी छाती पर कसकर एक प्रहार दो
हाँ, भेद नहीं रत्ती-भर इनमें और भयंकर नाग में
तुम गाथा एक और अब जोड़ो दोस्तो!
इन पर झंझावातों को तोड़ो दोस्तो!

●●●

बढ़ते रहना

इन प्रतिकूल हवाओं में भी
बढ़ते रहना ओ सेनानी!

माना मंज़िल दूर बहुत है
और समय भी क्रूर बहुत है
कोई साथ नहीं देता है
अपना हाथ नहीं देता है
पर इस कठिन परिस्थिति से भी
लड़ते रहना ओ सेनानी!

साहस बल को छोड़ न देना
नैया अपनी मोड़ न देना
घिरे यहाँ जो संकट भारी
रे उनका तू हो आभारी
फिर-फिर विक्रम की गाथाएँ
गढ़ते रहना ओ सेनानी!

जब नभ में आकर चमकोगे
पूर्ण प्रखरता से दमकोगे
तो ये बादल छँट जाएँगे
दूर गगन से हट जाएँगे
नई ज्योति फिर भूमंडल पर
भरते रहना ओ सेनानी!
इन प्रतिकूल हवाओं में भी
बढ़ते रहना ओ सेनानी!

•••

मैया तुम्हें पुकारती

लो मन-मंदिर की लगी काँपने आरती
फिर भारत मैया भैया तुम्हें पुकारती

पूजा का लेकर थाल चली ज्यों ही नारी
सहसा ही काँप गई उसकी कोमल काया
गिर गया पुजापा हतप्रभ-सी रह गई खड़ी
ईश्वर की पूजा में कैसा असगुन आया

फैलाई उसने अपने आँचल की झोली
करुणा अपने स्वर में छलकाकर यों बोली
फूलों में रास रचाने के दिन चले गए
काँटों की शैया भैया तुम्हें पुकारती
फिर भारत मैया भैया तुम्हें पुकारती

विस्तृत सागर में जीवन नौका बहती थी
हैं मंज़िल कितनी दूर उसे था ज्ञात नहीं
बेखबर भविष्यत् के 'कल' से थी बेचारी
जब आ जाएगा यम-नियमों में भेद कहीं

पल-भर में सहसा मुझे सुनाई शोर दिया
मैंने शरीर का गरम रक्त झकझोर दिया
पीड़ित होकर तूफ़ानी अत्याचारों से
रो-रोकर नैया भैया तुम्हें पुकारती
फिर भारत मैया भैया तुम्हें पुकारती

जिस धरती ने लोरियाँ प्यार की गाई थीं
जिसकी माटी ने उगला सभी तरफ़ सोना

उस माटी में कुछ असुर ले उठे अँगड़ाई
औ' काँप गया धरती का प्यार-भरा कोना

तब धरती माँ ने गौ माता का रूप धरा
घायल स्वर उसका भूमण्डल पर यों बिखरा
फिर आज विष्णु रूपी बेटों के पास पहुँच
यह व्याकुल गैया भैया तुम्हें पुकारती
फिर भारत मैया भैया तुम्हें पुकारती

बढ़ते जा रहे निरन्तर

हम लक्ष्य-साधना में
बढ़ते जा रहे निरन्तर!

जीवन में जो आघात हुए
हमने उनको हँसकर झेला
जो बांधा बन आए सम्मुख
हमने उनको कसकर ठेला
हम तो संघर्षों से
लड़ते जा रहे निरंतर!

हमने जग की परवाह न की
बढ़ते ही रहे हमारे पग
सपने में भी हो सके नहीं
सत्यपथ से हम कभी अलग
हम विहग काल-नभ में
उड़ते जा रहे निरंतर!

हमारी चितवन घूमी जिधर
हुए हैं उसी ओर निर्माण
महकी है धरा चतुर्दिशि में
हुए हैं सभी तरफ उत्थान
लो ज्योति-भवन अपना
गढ़ते जा रहे निरन्तर!

जब-जब भी भृकुटी वक्र हुई
काँप उट्ठे हैं झंझावात

घुटने विपदाओं ने टेके
कि जोड़े तूफानों ने हाथ
हम ऊँचे ही ऊँचे
चढ़ते जा रहे निरन्तर!

बढ़े हैं लक्ष्य-प्राप्ति को दोस्त!
अंत में पा ही लेंगे लक्ष्य
नहीं यों ही झुक जाएँगे
कि हों कितने व्यवधान समक्ष
आखर हम भविष्य के
पढ़ते जा रहे निरन्तर!

हम लक्ष्य-साधना में
बढ़ते जा रहे निंरतर!

•••

हम अग्निपुत्र

हम अग्निपुत्र लो निकल पड़े हैं मतवाले
अब तहस-नहस कर देने को तम के जाले

हम काँटों में भी कदम बढ़ाएँगे
तूफानों में भी लक्ष्य न छोड़ेंगे
हम विजय-पताका दूर उड़ायेंगे
सारे व्यवधानों के मुख मोड़ेंगे

अँधियारे का साम्राज्य न रहने पाएगा
हाँ प्रखर रश्मि के हमने तान लिये भाले

•••

ज्वालाएँ जाग रही हैं

लो एक-एक कर सब विपदाएँ भाग रही हैं
अब मेरे गीतों में ज्वालाएँ जाग रही हैं

यह अंधकार जो अभी-अभी छाया था
यह जिसने किरन-परी को बहकाया था
जिसके कारण खलबली मची दुनिया में
जिसने क्षण में सारा जग दहलाया था
मेरे एक बाण ने उसको मिटा दिया
दुनियाँ के दिल से उसका डर हटा दिया

जो किरणें आगे बढ़ने में सकुचाती थीं
वे सभी तरह की अब शंकाएँ त्याग रही हैं
अब मेरे गीतों में ज्वालाएँ जाग रही हैं

जो राही मंज़िल तय करने जाते थे
काँटे उनके पैरों में चुभ जाते थे
वे जितनी कोशिश करते थे बढ़ने की
वे उतना ही उनके आड़े आते थे
मैंने क्षण भर में काँटों को चूर किया
पथिकों की सब विपदाओं को दूर किया

जो बाहें मेरी आंलिगन को बढ़ती थी
अब वे ही दुश्मन की सीमायें दाग रही हैं
अब मेरे गीतों में ज्वालाएँ जाग रही हैं

●●●

पग धरना ही होगा

तुम चाहो यदि जीवन में आगे बढ़ना
तो होगा तुमको विपदाओं से लड़ना

मुश्किलें तुम्हारा माथा सहलाएँगी
झूठे वादों से तुमको बहलाएँगी
तुम एक शब्द भी बोल न पाओगे जब
तुमसे हज़ार गाथाएँ कहलाएँगी

तूफ़ान मार्ग में रुकावटें डालेंगे
जब तुम चाहोगे नदिया पार उतरना

पथ में काँटों के चक्रव्यूह डोलेंगे
तुमसे व्यंगों की भाषा में बोलेंगे
तुम कितने हो साहसी और ताक़तवर
इसको वे मन में बार-बार तोलेंगे

कुछ बहुत कठिन क्षण मँडराएँगे तुम पर
तब तुम्हें पड़ेगा उनके बीच गुज़रना

यह घेरा तुम्हें पार करना ही होगा
मन में संकल्प तुम्हें भरना ही होगा
किरणों के रथ पर बैठ गगन में तुमको
तम के मस्तक पर पग धरना ही होगा।

तेजस्वी लख व्यक्तित्व तुम्हारा पल में
कर देगी विजय पताका शुरू फहरना

गूँज गए

गूँज गए त्रिभुवन में वंशी-स्वर श्रम के
कुछ वंशी-स्वर श्रम के-
त्रिभुवन में गूँज गए!

एक लय उठी है
फिर से मशीन की
ज्योंकि उठ रही हो
धुन किसी बीन की
टूट गए तार आज जड़ता के, भ्रम के
कुछ वंशी-स्वर श्रम के-
त्रिभुवन में गूँज गए!

कलों-कारखानों के
छंद बोलते
मीठा संगीत
बार-बार घोलते
चलते पदचिन्हों पर मानो सरगम के
कुछ वंशी-स्वर श्रम के-
त्रिभुवन में गूँज गए!

मज़दूरिन ढोलक पर
थाप लगाती
लोकगीत कोई
फिर मधुर सुनाती
सुने कई गीत आज इस अद्‌भुत क्रम के!
कुछ वंशी-स्वर श्रम के
त्रिभुवन में गूँज गए!

●●●

मज़दूरों की ब़स्ती

यह मज़दूरों की बस्ती
यहाँ डोलती है मस्ती
इसकी छटा जगत में भैया बहुत निराली है

कलों-कारखानों के मस्तक पर श्रम हँसता है
लजवंती मेहनत को वह बाँहों में कसता है
उससे हाथ मिलाने को आसमाँ तरसता है
एक अनोखी दुनियाँ में वह जाकर बसता है
एक अनोखी बात यहाँ
कभी न होती रात यहाँ
मन की गोरी बहुत भले ही तन की काली है
इसकी छटा जगत में भैया बहुत निराली है

सूरज यहाँ कई उगते हैं सभी दिशाओं से
गंध उमड़ती आती है रंगीन फ़िज़ाओं से
यह बस्ती न कभी डरती ऐटमी हवाओं से
प्रकृति चिकित्सा करती है प्राकृतिक दवाओं से
यह मेहनत की फुलवारी
इसकी रौनक़ है न्यारी
काल स्वयं आकर बन जाता इसका माली है
इसकी छटा जगत में भैया बहुत निराली है

यहाँ उमंगों का सागर लहराता है भाई
इस सागर में अब तक कभी नहीं आँधी आई
यहाँ खुशी ने सदा पताका अपनी फहराई
दुख की बातें कभी नहीं इस बस्ती को भाईं
यह बस्ती अलबेली है
सबके बीच अकेली है
पर इसने अपने माथे पर शिकन न डाली है
इसकी छटा जगत में भैया बहुत निराली है

श्रमिक के गाँव री

किरणें मुसका कर बोलीं
इठला-बलखा कर बोलीं
चलो चलें आओ सखियों हम दूर श्रमिक के गाँव री
झूम रहे उस गाँव री
होकर बावरी
जाएँ दूर श्रमिक के गाँव री!

जहाँ झूमती हैं गेहूँ की बालियाँ
सरसों खड़ी बजाए अपनी तालियाँ
झुककर चूम-चूम लेतीं जिनको चंदन की डालियाँ
उन मतवाले खेतों में
कंचनवर्णी रेतों में
चलो चलें हम आओ निर्मित कर लें अपना ठाँव री
झूम रहे उस गाँव री
होकर बावरी
कर लें निर्मित अपना ठाँव री!

जिन पर जड़ा हुआ सूरज का भाल है
जिनके आगे तो नतमस्तक काल है
वे जिनके घर में, आँगन में फैला सपनों का जाल है
उन भोले इन्सानों को
धरती के भगवानों को
आओ सखियों दे दें नई प्रगति की मादक छाँव री
झूम रहे उस गाँव री
होकर बावरी
दे दें नई प्रगति की छाँव री!

जहाँ हृदय के अपने सच्चे मीत हैं
होठों पर तैरे मस्ती के गीत हैं
पग-पग पर जहाँ ज़िदगी के नाटक होते अभिनीत हैं
जो धरती की इन्द्रपुरी
प्रकृति बन गई जहाँ परी
चलो बढ़ा दें श्रमजीवी की उस नगरी में पाँव री
झूम रहे उस गाँव री
होकर बावरी
धर दें उस नगरी में पाँव री!

मंज़िल की तरफ

आँधियों को साँस में अपनी बसाए
बढ़ रहा हूँ आज मंज़िल की तरफ़ मैं

दिख रहे हैं जो तुम्हें ये शूल
बन गए मेरे लिए वे फूल
और इस मँझधार के उर बीच
मिल गया है मुझे मेरा कूल

पथ-प्रदर्शक संकटों को ही बनाए
बढ़ रहा हूँ आज मंज़िल की तरफ़ मैं

दोस्त मेरे पास आओ तुम
और गाओ युद्ध के फिर गीत
इस अँधेरे से न घबराओ
आज होगी रोशनी की जीत

सूर्य-टीका, क्योंकि, माथे पर लगाए
बढ़ रहा हूँ आज मंज़िल की तरफ़ मैं

ये मेरे अग्नि-गीत

गाओ!
ये मेरे अग्नि-गीत मेरे सँग गाओ!

तुम तो तूफ़ानों में चलने वाले हो
तुम झंझावातों में पलने वाले हो
जो कर देते अवरुद्ध दूसरों का पथ
उन पथ के काँटों को दलने वाले हो
जो बाधाएँ तुम तक आएँ तो साथी
तुम उन्हें झूमकर भैरव-राग सुनाओ!
गाओ!
ये मेरे अग्नि-गीत मेरे सँग गाओ!

कितने ही सूरज भरे हुए आँखों में
कितनी ही ताक़त भरे हुए पाँखों में
ओ मतवाले तुम बढ़ो सदा लहराते
अलबेले दिखलाई देते लाखों में
जिसके मस्तक पर टिकी धरा की काया
उस शेषनाग के फन पर रास रचाओ!
गाओ!
ये मेरे अग्नि-गीत मेर सँग गाओ!

तुम टूट पड़ो फिर बाधाओं के ऊपर
तुम फूट पड़ो ज्वालामुखियों-से भू पर
पारस पत्थर की तरह अरे तुम भाई
कंचन बरसा दो लोहे को छू-छूकर
अपनी मुट्ठी में समय बाँधने वालो
अपनी विजयंती दूर तलक फहराओ!
गाओ!

ये मेरे अग्नि-गीत मेरे सँग़ गाओ!

ये काली घटा गगन में लो छाती है
फिर कठिन परीक्षा की वेला आती है
है आज देखना हमें तुम्हारी कुव्वत
कितनी तेज़ी से नभ में लहराती है
जल-थल को, नभ को, सारी सृष्टि अखिल को
अब लाल रंग के सागर बीच डुबाओ
गाओ!
ये मेरे अग्नि-गीत मेरे सँग गाओ!

तुम चलो कर उठे धरती डगमग-डगमग
क्षण में रौंदो मंज़िल तक का सारा मग
फिर तुरत दूसरे ही क्षण पथिक तुम्हारे
मस्तक पर विजय-किरीट कर उठे जगमग
अपनी दधीचि-हड्डी की खाद बिखेरो
बंजर में भी फ़ौलादी फ़सल उगाओ!
गाओ!
ये मेरे अग्नि-गीत मेरे सँग गाओ!

मैं कैसे गाऊँ

मैं कैसे गाऊँ गीत प्रणय के, प्यार के

जब चिन्ताओं से भरा, देश का भाल हो
जब गंगा का पानी लोहू से लाल हो
पश्चिम से काली आँधी उठती आती हो
धरती माता की छाती फटती जाती हो

मैं कैसे गाऊँ गीत प्रणय के, प्यार के

घायल चट्टानें, ज़ख्मी जब हिमवंत हो
झूठा गौतम का पड़ा अहिंसा-मंत्र हो
जब खुले जा रहे द्रुपद-सुता के केश हों
जब बदल रहे पांडव-वीरों के वेश हों

मैं कैसे गाऊँ गीत प्रणय के, प्यार के

चल शंखनाद कर धर्म-युद्ध को छेड़ दें
चल बीत गए उस विकट समय को टेर दें
यह वक़्त वही है जब न्यौछावर प्राण करें
चल अपनी माटी का कुछ तो सम्मान करें

मैं कैसे गाऊँ गीत प्रणय के, प्यार के

•••

बुराई से युद्ध

तुम बुराई से युद्ध कर रहे हो
तुम्हारा दृढ़ संकल्प टूटे नहीं
किसी भी हालत में
तुम्हारे भीतर की रागिनी छूटे नहीं

तुम जीतोगे ही
मगर सावधान!
तुम्हें उन्माद न हो
तुम्हारे व्यवहार से
थकी हुई भावनाओं को
जरा भी अवसाद न हो
जीवन की रागिनी अंत तक बजती रहे
और तुम्हारी चेतना दूसरे की अंतश्चेतना को
भली-भाँति समझती रहे

तुम्हारा हर काम
बहुत सोचा-समझा होना चाहिए
क्योंकि तुम
बहुत बड़े लक्ष्य की ओर
बढ़ रहे हो
आखिर तुम अँधेरे के मार्ग को
अवरुद्ध कर रहे हो!

तुम बुराई से युद्ध कर रहे हो!

तुम हुए विजयी जवान

हो गया आज दुश्मन परास्त, तुम हुए आज विजयी जवान!
अब लगा गूँजने देखो चारों तरफ़ तुम्हारा कीर्तिमान!

दो क़दम बढ़ा करके तुमने
सारी धरती को नाप लिया
दुश्मन की बढ़ती ताक़त को
पल भर में तुमने भाँप लिया

तुम बढ़े और कानों तक फिर कस कर खींची तुमने कमान!
फिर देख तुम्हारा प्रबल रोष डगमगा उठा सारा जहान!

तुम प्रलय-वेग से आगे बढ़
चढ़ गए शत्रु के शीश आज
उस महाभयंकर ज्वाला को
लखकर हिल गया गिरीश आज

तुमने इंगित कर दिया छूटने लगे सैकड़ों अग्नि-बाण!
सागर के वक्षस्थल में पलक झपकते ही आया उफान!

आँधियाँ उठीं मचले तूफ़ाँ
जब-जब तुमने अँगड़ाई ली
रह गई कलेजा थाम धरा
जब भी शत्रु पर चढ़ाई की

फिर एक बार कर दिया शुरू तुमने गौरवमय रण-प्रयाण!
तलवार हाथ में ले, मुख में नारा 'जय-जय हिन्दोस्तान!'

मधुवन में बाँसुरी

दूर हुईं वृत्तियाँ निशाचरी
गूँज उठी मधुवन में बाँसुरी

एक किरण चुपके से
जंगल में पैठी
कुछ उदास सूर्यमुखी
के ऊपर बैठी
आसपास नाच उठी माधुरी

नभ ने फिर से उजली
बात को उछाला
मन में क़ैदी महके
प्रात को निकाला
तैरनी लगी सोने की तरी

•••

नयी किरण

नए वर्ष की नई किरण
फिर स्वागत करती रे!

टूट-टूटकर बिखर गए
अँधियारे के बंधन
धरती के गालों पर मला
पवन ने फिर चन्दन

नयी नवेली उषा धरा पर
आज उतरती रे!

सबके मन-मानस में
सहसा छाई हरियाली
अहा! मुस्करा उठा देख
लो मधुवन का माली

मादक खुशबू सबके मन
में आज बिखरती रे!

उसे सलामी दें

बिखर गया है कंचन जिसकी माटी में
खनकें हीरे-माणिक जिसकी घाटी में
चंदन की डालों वाला है देश जो
उसे सलामी दें हम आओ रे!

बड़े सवेरे खेतों में कोई बरसा जाता सोना
उषा-परी भी सूरज के सँग करवा कर अपना गौना
मन के व्याकुल साम्राज्य पर कर देती जादू-टोना
जिस पर तना हुआ यह नील वितान है
जिसका राजा यह अलमस्त किसान है
गेहूँ की बालों वाला है देश जो
चंदन की डालों वाला है देश जो
उसे सलामी दें हम आओ रे!

यहीं कन्हैया की मुरली रस घोला करती कानों में
सोम-कलश छलका करता था जिसके स्वर-संधानों में
कुछ स्वप्निल अनुभूति तैरती रहती थी मन-प्राणों में
मोरपंख है कोहिनूर जिसके लिए
वैभव का प्रासाद धूर जिसके लिए
मस्तानी चालों वाला है देश जो
चंदन की डालों वाला है देश जो
उसे सलामी दें हम आओ रे!

उतर गगन से क्रीड़ा सुर-बालाएँ यहाँ किया करतीं
हीरे-पन्नों वाली हँसी धरा को बाँट दिया करतीं

मस्ती-घुली वारुणी अँजुरी भर-भर सभी पिया करतीं
रत्न उमंगों के हैं जिसके पास में
कस्तूरी महका करती है साँस में
गदराए गालों वाला है देश जो
चंदन की डालों वाला है देश जो
उसे सलामी दें हम आओ रे!

उठाओ साज

उठाओ साज
बजाओ आज
प्रेम की बंसी भूतल पर

खोल दो अपने बंद कपाट
प्यार सारे जग में दो बाँट
मिटा दो ऊँच-नीच का भेद
दिखा दो अपना रूप विराट
छेड़ दो तान
सुना दो गान
गूँज उट्ठे जो जल-थल पर

कार्य के लिए बढ़ाओ हाथ
कि दुनियाँ सभी तुम्हारे साथ
अरे फिर देख तुम्हारा तेज
फ़रिश्ते कर दें नीचे माथ
करो मत बंद
सुनाना छंद
कि बढ़ती मस्ती हर पल पर

खिल उठें हर दिल में अब फूल
दिखाई पड़ें नहीं अब शूल
बहारें दो सब तरफ बिखेर
परिस्थितियों को कर अनुकूल
सुना कर और
विश्व-सिरमौर
बिखेरो चंदन हर दिल पर

वज्र गिरा

(श्री लालबहादुर शास्त्री के निधन पर)

लो आज पुनः यह वज्र गिरा
हो उठी प्रकंपित वसुन्धरा
झर-झर-झर अश्रु लगे बहने
व्याकुल हो हृदय लगे दहने
यह एक रत्न फिर और गया
सारे जग का शिरमौर गया
सम्पूर्ण सृष्टि असहाय हुई
भारत-माता निरूपाय हुई
सब स्वर्गिक स्वप्न लगे ढहने
रो-रो कर लोग लगे कहने
हा! लालबहादुर चला गया
सच भाग्य हमारा छला गया
कुछ भी कर पाते नहीं हाय!
हम खड़े हुए हैं वहीं हाय!
ओ लालबहादुर कहाँ गये
कुछ इंगित कर दो, जहाँ गये
जो ज्योति प्रज्वलित तुमने की
वह सदा रहेगी जलती ही
तुम चले शांति के पथ पर थे
आरूढ़ सत्य के रथ पर थे
तुमने दुनियाँ को दिखा दिया
तुमने जन-जन को सिखा दिया
अन्याय नहीं जीता जग में
साक्षी इसकी गींता सँग में

जब भीं कोई टकराया है
हमने यमलोक पठाया है
रण में हमने आगे बढ़ कर
है काट लिया यम का भी सर
यद्यपि कहलाये शांति-दूत
हम भारत-माता के सपूत
पर वहीं—दूसरी ओर हमीं
जब गरजे, थर्रा उठी जमीं
शास्त्री तुमने यह बता दिया
सारी दुनियाँ को जता दिया
तुम थे महान अतिशय महान
जड़ में भी फूँक दिये थे प्राण

ओ लालबहादुर देखो तो अब बार-बार
हैं कोटि कंठ कर रहे तुम्हें अब नमस्कार

लो नमस्कार
लो नमस्कार
लो, ये लो शत शत-नमस्कार!

वह दहकती नदी

वह दहकती नदी पीछे छोड़ आये
खौलता सागर अभी यह पार करना है
छा गया कोहरा घना वातावरण में
चीर इसको रोशनी का छंद भरना है

प्रिय, सिखा दो

प्रिय, सिखा दो तुम मुझे तब मुस्कराना

खाइयों में खलबली हो
हाथ मलती हों दिशाएँ
आँधियाँ उठसीं और प्रति-
कूल चलतीं हों हवाएँ
पर्वतों के पार से, हो-
दे रहा कोई सदाएँ

जबकि चिन्ताएँ उमड़ कर घेरने आतीं मुझे हों
प्रिय, सिखा दो तुम मुझे तब मुस्कराना

ज़िदगी है कठिन, उस पर
हँसे जब निर्दय अँधेरा
कस रहा हो तन-बदन को
दर्द का सप्राण घेरा
दूर होता जाय मुझसे
जबकि कविता का सबेरा

जबकि सब प्रतिकूलताएँ गीत के पथ में खड़ी हों
उस समय भी भूल पाऊँ मैं न कविता गुनगुनाना

प्रिय, सिखा दो तुम मुझे तब मुस्कराना

हवाएँ चलतीं हों

हवाएँ चलती हों प्रतिकूल
न होवे कोई भी अनुकूल
किंतु राही तू मत घबरा
बढ़ा तू चल! बढ़ा तू चल!

देख सामने अब तू प्यारे
मेट आपदाएँ तू प्यारे
हाँ-हाँ किस्मत के हाथों का
लेख अब मिटा दे तू प्यारे
न सपनों की बाहों में झूल
अरे कर्तव्य न अपना भूल
किए संकल्प आज गहरा
बढ़ा तू चल! बढ़ा तू चल!

शीत हो या हो भीषण ताप
न जाना भाई इनसे काँप
एक डग भरना फिर ऐसा
कि ले जो सारी धरती नाप
लगा ले माथे से पग-धूल
बात बस इतनी-सी है मूल
उमंगें-भर मन में लहरा
बढ़ा तू चल! बढ़ा तू चल!

पथ में यदि काँटे चुभते हों
प्राणों को घातक लगते हों
मंज़िल हो दूर प्रतीत तुझे
मन में यदि संशय उगते हों

अरे राही तू तुरत समूल
नष्ट कर दे पथ के सब शूल
विजय का फिर बाँधे सेहरा
बढ़ा तू चल! बढ़ा तू चल!

हृदय में भर ले दृढ़ विश्वास
और बढ़! रहे कि जब तक साँस
सफलता चरण चूम लेगी
अभी से गत हो दोस्त! हताश
बनेंगी बाधाएँ सब फूल
किये सिर नीचे होगा कूल
और फिर ध्वज अपना फहरा
बढ़ा तू चल! बढ़ा तू चल!

हवाएँ चलती हों प्रतिकूल
न होवे कोई भी अनुकूल
किन्तु राही तू मत घबरा
बढ़ा तू चल! बढ़ा तू चल!

आख़िर कब तक?

हम आख़िर कब तक
अपने को भरमाएँगे
कब तक अतीत के
गान धरा पर गाएँगे

कुछ अपने भुजदण्डों को भी हम तोलें
कुछ अपने मन के अवगुण्ठन को खोलें
फिर नए स्वरों में गीत सृजन के बोलें

हम वर्तमान को
कब रसभरा बनाएँगे
कब तक अतीत के
गान धरा पर गाएँगे

जवान! उठ पड़ो

जवान! उठ पड़ो कि
उठ पड़ें असंख्य आँधियाँ
महान! मिट चलो कि
मिट चलें असंख्य व्याधियाँ

बढ़ो! बढ़ो! अरे, बढ़ो
कराल वह्नि-पाश ले
बढ़ो! कि आज साथ में
जीत का प्रकाश ले

हम राष्ट्र-भाल से

हम सूर्य-वंशियों के वंशज हैं मतवाले

आज हमारी बाँहें फड़क उठी हैं
धनुष-बाण अब हमने तान लिया है
तन में आज बिजलियाँ कड़क उठी हैं
दुनियाँ ने हमको पहचान लिया है

मौसम की गुस्ताखी को सहन करें कैसे
लो हाथों में हमने अब तीखे शस्त्र सम्हाले

हम सच्चाई को छोड़ नहीं सकते
हम पान करेंगे विषज्वालाओं का
हम धर्म-लीक को तोड़ नहीं सकते
हम वरण करेंगे रण-बालाओं का

हम राष्ट्र-भाल से उनको दूर करेंगे अब
छा गए आज जो संकट के बादल काले!

हुंकार

हुंकार उठी भारती-शक्ति हुंकार उठी!

ऐ भारत माँ के पुत्रो! अब तुम जाग उठो,
सोना तज कर लड़ने का ज़माना आया है,
अब तक तो तुम सब रहे देखते ही, लेकिन,
वैरी से अब भिड़ने का ज़माना आया है!

देखो-देखो, वह बढ़ा आ रहा शत्रु यहाँ,
जनता जाग्रत करने का ज़माना आया है,
तुम उठो और उठकर दौड़ो उस दुश्मन पर,
जो यहाँ तुम्हारी भूमि छीनने आया है!

ओ चीन देख, तू इधर देख, तू उधर देख;
प्रत्येक व्यक्ति के मुख से यह ललकार उठी–
हुंकार उठी, भारती-शक्ति हुंकार उठी!

तुम कभी न घबराना वीरो इन रिपुओं से,
ये मूर्ख, कपट की खान और अति कायर हैं,
ये नहीं जानते लड़ना-भिड़ना बिल्कुल भी,
ये केवल कपट-क़ुशल, नीच अरु पामर हैं!

इनको तो आता केवल छिपकर ही लड़ना,
ये फूल गए थोड़ी-सी ताक़त पाकर हैं,
ये जल जाते, लख सदा दूसरों की उन्नति,
पर अपनी जीतें खूब सुनाते गाकर हैं!

जब किया आक्रमण इन सब ने मिल भारत पर,
बच्चे-बच्चे की सुप्त शक्तियाँ जाग उठीं,
हुंकार उठी, भारती-शक्ति हुंकार उठी!
वैरी रखता है अपनी भारी फ़ौज, मगर,
इस वैरी ही को तुमको मार भगाना है,
भारत माता बस तुमसे विनती करती है,
अब हर क़ीमत पर माँ को तुम्हें बचाना है!

लड़कर मर जाओ वीर राष्ट्र की सेवा में,
भारत का यह भूखंड तुम्हें फिर पाना है,
तुम करो पूर्ण यह कार्य देश के शक्ति-पुंज!
अब नेफ़ा में तुमको निज शीश चढ़ाना है!

तुम लड़ते रहो जवान देश की रक्षा को,
लो कोटि-कोटि कंठों से यह फुफ़कार उठी,
हुंकार उठी भारती-शक्ति हुंकार उठी!

हम शक्तिपुत्र भाई

हम बेटे साहस के
धरती उछाल देंगे
ब्रह्मांड गिराकर हम
सिर पर सम्हाल लेंगे

जो हम से टकराए
वह खूब सम्हल जाए
तलवार निकाली तो
जल शोणित बन जाए

चट्टान उठाकर हम
फिर टूक-टूक कर दें
हम निमिष मात्र में ही
पौरुष रिंपु का हर लें

यदि पड़े ज़रूरत तो
हँसते-हँसते दें सर
शोणित से काली का
भर दें अक्षय खप्पर

प्रलयंकर शंकर के
दूसरे रूप हैं हम
साहस, बल, पौरुष के
अविजेय स्तूप हैं हम

सब आततताइयों का
मुख तोड़ दिया करते
आगे बढ़ने वाला
रुख मोड़ दिया करते

हम शक्तिपुत्र भाई
मत हम से टकराओ
इन नभचुंबी लपटों
से दूर चले जाओ

●●●

बापू तुम थे

आज तुम्हारे जन्म-दिवस पर, रह-रह याद हमें आती
शांत-सौम्य-दृढ़ तपोमूर्ति वह, अन्तस्थल में छा जाती
बार-बार फिर बार-बार चहुँ ओर दृष्टि तुमको पाती
अमर तुम्हारे कार्यों की गुण-गरिमा कल-स्वर से गाती

तुम तो एक बार जाने पर दोबारा फिर नहीं मुड़े
निज कार्यों की झलक दिखा कर शून्यस्थल में उड़े-उड़े
अपने जीवन में तो बापू तुम थे इतने नहीं कड़े
कैसे हुए कठोर आज जब कष्टों में हम सभी पड़े

देखो भारत-नैय्या बिन नाविक के जल में जाती है
अंधड़-तूफानों में फँसकर डगमग करती जाती है
इतने घोर कठोर समय में और न कोई साथी है
कैसे तुम्हें बताएँ कितनी याद तुम्हारी आती है

आओ औ' फिर आकर के भारत की नैय्या पार करो
आस लगाए बैठे हैं हम, थोड़ा धीरज हमें धरो
सभी बुलाते तुमको हैं, अब भारत में विचरो-विहरो
औ' फिर छाए हुए रोग-दुख-अकर्मण्यता-पाप हरो

●●●

रक्षा-गीत

आओ भइया मैं तुम्हें बाँध दूँ राखी अब,
मेरी रक्षा का भार तुम्हारे हाथों में,
चाहे इसको स्वीकार करो तुम या न करो।

यह पर्व आज फिर आया है देखो फिर से,
हम इसके लिए हाय! कितना-कितना तरसे।
मन सूनी-सूनी आँखें लिये-लिये फिरता,
कुछ अज़ब-अजब-सा अंधकार आकर घिरता।

गाओ भैया अँधियारे-बीच प्रभाती अब,
है तुम सँग मेरा प्यार अजानी घातों में,
चाहे निशि का संहार करो तुम या न करो।

कण-कण में मेरे पीड़ा का साम्राज्य रहा,
कितना विपरीत पवन का वार-प्रहार सहा।
मैं घूमा करती गली-गली थी सुख पाने,
पर कुटिल स्वरों में तभी लग गया दुख गाने।

आ, ओ भैया, दुख से मैं उबर न पाती अब,
क्या होगी नैया पार अँधेरी रातों में,
चाहे मुझको अब पार करो तुम या न करो।

फिर सपनों में रे भैया जब तुमको देखा,
सम्पूर्ण गात में कौंध गई विद्युत-रेखा,
मन पुलक उठा, तन हुलस उठा, आशा उभरी,
मेरे सम्मुख कष्टों की माल टूट बिखरी।

लाओ भैया चिर-आज़ादी की पाती अब-
मत डूबे रहना क्षणभंगुर सौग़ातों में,
चाहे यह सोच-विचार करो तुम या न करो।

फिर दीप जले

फिर दीप जले घर-घर
फिर आई दीवाली
फिर मुदित हो उठे मन
फिर छाई खुशियाली

हर घर में लो फिर से
नव-साज लगे बजने
हर तरफ़ आज देखो
हैं दीप लगे सजने

कितना पावन यह दिन
अब फिर से आया है
उजियाला तो तम पर
युग-युग से छाया है

मुस्करा रहीं कलियाँ
उपवन अब गमक उठे
राहों-चौराहों पर
शत दीपक चमक उठे

यह पर्व विजय का है
यह फिर-फिर आएगा
फिर मानव, मानव को
हँस गले लगाएगा

अब जी भर गाओ गीत
अब ख़ुशी मनाओ खूब

इस सागर में प्रियतम!
अब गहरे जाओ डूब

महकी बगिया-बगिया
लहराई हर डाली
फिर दीप जले घर-घर
फिर आई दीवाली

•••

दीपावली

अब अंधकार की बात सोचना बंद करो
जगमग-जगमग करती दीवाली आई है

हर कण-कण है हो चुका प्रज्वलित भारत का
वह बन कर दीपक तम को दूर भगा देगा
इस छाए हुए घोर काले अँधियारे को
खुद जलकर भी भारत से दूर हटा देगा
अब हर चिराग़ से लपट उठेगी तीक्ष्ण एक
जो भस्म करेगी फैले इस अँधियारे को
फिर बोल उठेंगे भारत के सब जन-जन यह
'जग में प्रकाश फैलाने वाली आयी है'
अब अंधकार की बात सोचना बंद करो
जगमग-जगमग करती दीवाली आयी है

अब एक नहीं होगा, दीपक होंगे लाखों,
औ' हर दीपक चमकेगा कोटि सूर्य जैसा
फिर चकाचौंध नेत्रों के सम्मुख छा जाए
भारत की मिट्टी का अणु चमकेगा ऐसा
फिर अंधकार का नाम न दिखलाई देगा
वह उजियारे में परिवर्तित हो जाएगा
तब बोल उठेगी भारत की सारी जनता
'तम भागा भारत में खुशियाली छाई है'
अब अंधकार की बात सोचना बंद करो
जगमग-जगमग करती दीवाली आयी है

अब कोई वर्ग न नीचा दिखलाई देगा
समता क़ा शुभ संदेश दिवाली लाई है
शोषित-पीड़ित भी नहीं सताए जाएँगे
सब ऊँच-नीच की ख़त्म हो चली खाई है
प्रत्येक ओर साम्राज्य अमन का छायेगा
हर प्राणी मंगल-गीत झूमकर गाएगा
सबके होठों से बोल फूटता जाएगा
'मानव में मानवता विकसाने आयी है'
अब अंधकार की बात सोचना बंद करो
जगमग-जगमग करती दीवाली आयी है

दीपावली: एक अग्नि-परीक्षा

मेरे चारों ओर
दीपों की पाँतें लगी हैं
एक...दो...तीन
और न जाने कितनी
मुझे वितृष्णा-सी होती है
घृणा से मैं मुँह फेर लेता हूँ
समग्र के अट्टहास
मेरे कानों के पर्दों को फाड़ने लगते हैं
दूर...राजनीति के लौह सींखचों में कैद जंगली शेर
जोरों से दहाड़ने लगते हैं
मैं चीखता हूँ
बंद करो!
बंद करो यह सब!
बुझा दो इन दीपावलियों को
इनमें वह बल अब नहीं रहा
कि ये कुटिल कुचाली
अंधकार के राज्य में प्रदीप्त रह सकें

ध्वस्त कर दो
शासनारूढ़
इन सीमेंटेड दीवारों को
जो खड़ी हैं
असत्य, अन्याय, मिथ्या और दंभ की नींव पर!
तुम दीप जला रहे हो
मगर क्यों?
अपनी पराजय पर धूल डालने के लिए?

हाँ, तुम्हारी पराजय हुई है–
गहरी पराजय!
तुमने समय के क्रूर, भयानक
और आकाशभेदी अट्टहासों पर गौर नहीं किया!
अब भी चेतो!
तुम आगे बढ़े–
कि मैं भी तुम्हारे साथ बढ़ा
कि, करोड़ों और भी तुम्हारे साथ बढ़ चले

आज का यह दिन
तुम्हारी हँसी उड़ा रहा है
तुम्हें चाहिए कि तुम इसका मुँहतोड़ उत्तर दो
आज का यह दिन
तुम्हारी परीक्षा लेना चाहता है–अग्निपरीक्षा!
और तुम्हें चाहिए कि इस अग्निपरीक्षा से
तुम बिल्कुल साफ़ निकल आओ
बिल्कुल खरे!

ताकि, फिर कभी यह दिन
तुम्हारा मज़ाक न उड़ा सके
तुम्हें इस प्रकार की अग्नि-परीक्षा से
गुज़रने के लिए बाध्य न कर सके
कभी भी!
फिर कभी भी!!

आ गया आज गणतंत्र दिवस

आ गया आज गणतंत्र दिवस फिर एक बार
फिर एक बार सब पर प्रसन्नता छाई है
चहुँ ओर मुदित मन लोग खुशी से झूम रहे
मानो पतझर में भी हरियाली आई है

प्रत्येक व्यक्ति बूढ़ा, जवान, छोटा बच्चा
सब ही मन में उल्लास लिये हैं घूम रहे
आधिक्य खुशी का उन पर इतना छाया है
क्या करना है यह भूल, खुशी से झूम रहे

हर्षोत्फुल्ल दिखलाई देते सभी लोग
सबके आनन पर दिव्य-ज्योति नर्तन करती
जो शोकाकुल था वही आज है हर्ष-वदन
ज्यों छुपी शक्ति कोई यह परिवर्तन करती

लहलहा रहे हैं सुमन वाटिकाओं में अब
जाने क्यों पतझर भाग रहा भू पर से है
हँसते हैं किलकारी भरते हैं ये बच्चे
ये ध्वनियाँ–लगता बाज रहे नूपुर-से हैं।

पंचम स्वर गूँज रहे हैं कानों में सबके
औ' महक रहीं चहुँ दिशि हैं पुष्पावलियाँ अब
सब व्यक्ति उमँग कर एक दूसरे से मिलते
हैं विहँस रहीं उनके अन्तर की कलियाँ अब

वह देखो उधर तिरंगा लहराता जाता
टकटकी बाँधकर देख रहे सब उसको हैं

इन मूक दृष्टियों में मानो जोशीली ध्वनि
रक्षा-हित बने साहसी सब लख उसको हैं

यह लहर-लहर लहराता झण्डा कहता है
मुझको देखो मेरे अतीत को याद करो
इस दिन को लाने कितनों ने संघर्ष किया
इसको समझो, मत यौवन को बरबाद करो

जो दिवस आज गणतन्त्र दिवस कहलाता है
वह एक समय लोहू का दिन कहलाता था
भर-भर खप्पर शोणित चामुण्डा पीती थी
हर भारतीय काली का दूत कहाता था

आज़ाद, भगतसिंह, बोस, गोखले और तिलक
इस दिन की खातिर सबने जान गँवाई थी
मरते दम तक सब लड़ते रहे फिरंगी से
इस दिन को लाने अपनी शान गँवाई थी

औ' आज खड़े इस भरत-भूमि में हम स्वतन्त्र
उन सभी महापुरुषों के घोर प्रयत्नों से
जो पराधीनता में तो थे बलिदान हुए
पर दिला गए आज़ादी हमें सुयत्नों से

यद्यपि कहला खुद को सकते अब हम स्वतंत्र
पर सचमुच में आज़ाद नहीं हम भारतीय
वह आ पहुँचा है चीन हमारी सीमा पर
शायद करने मालूम कि क्या हम भारतीय?

हम सचमुच भारतीय हैं और रहेंगे भी
यदि कोई सम्मुख आवे तो बतला दो यह
यह भूमि नहीं है कायर स्त्री-पुरुषों की
मिल करके सब जाओ उसको सिखला दो यह

अब चाहे होवे चीन या कि दूसरा शत्रु
स्मरण करो इस दिन को औ' फिर टूट पड़ो
वे कोटि-कोटि बलिदान न व्यर्थ चले जावें
ज्वालामुखियों की तरह युद्ध में फूट पड़ो

फिर आज़ादी को रखकर अटल हमेशा को
पहले समान भारत में मिलकर राज्य करो
फिर खूब मनाओ यों मिलकर गणतंत्र दिवस
औ' सब झूमें यों झंकृत मन के साज करो

•••

धरती स्वर्ग बना दो तुम

इस पन्द्रह अगस्त के दिन मैं आज पुन: करता आह्वान
हे भारत के युवक उठो तुमको कुछ कर दिखलाना है

चारों ओर अशान्ति मची है, दुर्गुण सब पर छाए हैं
ईर्ष्या, नफ़रत, द्वेष आदि जोरों से धूम मचाए हैं
अट्टहास शैतानी होता, प्रेम न दिखलाई देता
सुन्दर मुखड़े अपने भीतर कालिख महा छिपाए हैं

देख-देखकर यह सब कुछ मेरा तो दम घुटता जाता
ओ नवचेतना-प्रतीक! अब तुमको कुछ सिखलाना है

धर्म उधर सिसकी भरता औ' अनाचार बढ़ता जाता
ईश्वर के बारे में नर नित नव-विचार गढ़ता जाता
सफल कार्य में हो जाने पर बन जाता वह अभिमानी
असफल होने पर दोषों को ईश्वर पर मढ़ता जाता

आस्तिक औ' नास्तिक की भी परिभाषा बदल गई है अब
नव-जागृति के दूत! सुप्त जनता को तुम्हें जगाना है

दूर बुराई करने को तुम दृढ़प्रतिज्ञ सब हो जाओ
मानव सबमें जाग उठे, इस शुभ प्रयत्न में खो जाओ
कहीं न नामो-निशाँ रहे, पापों का, अत्याचारों का
ऐसा युवक! प्रयत्न करो, धरणी का कल्मष धो जाओ

प्राणों का भी दाँव लगा दो, धरती स्वर्ग बना दो तुम
ओ भारत माँ के सपूत कुछ करके अब दिखलाना है

पन्द्रह अगस्त

पन्द्रह अगस्त! पन्द्रह अगस्त!

चहुँ ओर हर्ष ही दीख रहा।
नव-मानव भी कुछ सीख रहा।।
बेड़ियाँ इसी दिन हुईं ध्वस्त!

खुश हो-होकर सब डोल रहे।
उलझी गाँठों को खोल रहे।।
सब नर-नारी हो रहे मस्त!

अंग्रेज़ हो गए आज पस्त।
खो बैठे निज ताक़त समस्त।।
भारत ने दी भारी शिक़स्त!

सोता भारत था जाग उठा।
कण-कण में भरकर आग उठा।।
निर्भय शासन भी हुआ त्रस्त!

उठ करके फिर हुंकार उठा।
गोरों को फिर ललकार उठा।।
अंग्रेज़ों को कर गया ग्रस्त!

विजयी बापू का हुआ मंत्र।
हो चुके आज फिर हम स्वतंत्र।।
अब पुनः राष्ट्र-हित बढ़ा हस्त!

यह राष्ट्र युवक फिर पूर्ण करो।
सब बाधाओं.को चूर्ण करो।।
तन-मन-धन से तुम रहो व्यस्त!

पन्द्रह अगस्त! पन्द्रह अगस्त!

माँझी रे!

रुक मत माँझी रे, बढ़ता चल
विजय-मार्ग पर तू चढ़ता चल
अपने पथ को गढ़ता चल तू
बाधाओं से लड़ता चल तू

परेशानियों को दलता चल
अपनी राहों पर चलता चल
लहरों को अनुकूल बना ले
काँटों को तू फूल बना ले

तीव्र वेग से अब उड़ता चल
केन्द्रबिन्दु पर तू मुड़ता चल
तूफ़ाँ के बल को हरता चल
चक्र सुदर्शन-सा फिरता चल

होवे चाहे क्षीण तेरा बल
चिंता नहीं कि तन. जाए गल
पर रे नाविक तू चलता चल
लौह-सदृश खुद को ढलता चल

चल-चल रे माँझी तू चल-चल
कभी न रुक प्रति क्षण-क्षण पल-पल

विपदा से तुम कभी न डरना
तूफ़ानों में कभी न घिरना
पथ में तनिक न होना विचलित
मन को रखना शक्ति-समन्वित

अपने मन में अडिग रहोगे
विपदाओं से नहीं डरोगे
निश्चय तुमको लक्ष्य मिलेगा
तारा कोई दूर हिलेगा

तीव्र ज्योति दिखलाई देगी
तुम्हारा पथ प्रशस्त करेगी
ज्यों ही ज्योति पास आएगी
चकाचौंध-सी छा जाएगी

चिर-निर्मिति में द्युति फैलेगी
पाप-क्लेश सबको मेटेगी
तब कृतार्थ तुम हो जाओगे
जो चाहा है, पा जाओगे

अवरोधों को कर दो क्षार
तभी पहुँच सकते उस पार
अभी बहुत मंज़िल है दूर
न हो, अभी थककर तुम चूर

मग में बाधाएँ आएँगी
तुम्हें शक्ति निज दिखलाएँगी
ज्यों ही पथ में पा जाएँगी
त्यों ही तुम पर छा जाएँगी

बहु-विधि से वे धमकाएँगी
कटु अनुभव वे चमकाएँगी
सारी शक्ति लगा देंगी वे
दुख में तुम्हें पगा देंगी वे

दुख को कभी नहीं कहना तू
हँसकर विपदा को सहना तू
बढ़ते रह, बढ़ते रहना तू
जीवन-नदिया में बहना तू

मंज़िल तुझे मिलेगी रे फिर
दिल की कली खिलेगी रे फिर
रुक मत माँझी! बढ़ता चल
बढ़ता चल! बढ़ता चल

श्रम से जीने वाले हैं

हम श्रम से जीने वाले हैं!

हम न किसी को माथ नवाते
हम न किसी पर हाथ उठाते
कभी नहीं हम पथ में रुकते
अनय-समक्ष नहीं हम झुकते

अपने श्रम से निकली अमृत
की बूँदें पीने वाले हैं!

हम न किसी से मतलब रखते
हम परधन को कभी न लखते
आगे ही आगे बढ़ते हैं
हम बाधाओं से लड़ते हैं

अपने जर्जर तन को, मन को
खुद ही हम सीने वाले हैं!

हम मतवाले धरा-पुत्र हैं
शत्रु किसी के नहीं, मित्र हैं
कठिन समय आता हम सहते
पर न कभी मुख से कुछ कहते

धीरज रखते हैं हर स्थिति में
श्रमिक हम पसीने वाले हैं!

हम श्रम से जीने वाले हैं!

•••

श्रमजीवी हूँ

मैं श्रमजीवी हूँ!

श्रम ही मेरा साध्य है
श्रम मेरा आराध्य है
श्रम के बीच पला हूँ मैं
श्रम के बीच चला हूँ मैं
मैं श्रमजीवी हूँ!

कण-कण में श्रम बसता है
कण-कण में श्रम हँसता है
श्रम मेरा निर्माता है
श्रम ही भाग्य-विधाता है
मैं श्रमजीवी हूँ!

श्रम ने मुझको प्यार किया
श्रम ने मुझे दुलार लिया
श्रम ही मेरा धर्म है
श्रम ही मेरा कर्म है
मैं श्रमजीवी हूँ!

श्रम ने मुझको बड़ा किया
दो पैरों पर खड़ा किया
श्रम के आगे कौन है
युग की वाणी मौन है

मैं श्रमजीवी हूँ!

ज़खीरेबाज़ों के नाम: भूखी, त्रस्त जनता का पैग़ाम

हम तो दाने-दाने को तरसा करते, पर
तुम मोद मनाया करो चारदीवारी में
हमको यों ग्रसते रहें क्षुधा के काल-दूत
औ' तुम यों चिकनाई डालो तरकारी में!

कुछ भी तो लाज करो मानवता के शोषक
इतना क्यों चूस रहे हो खून गरीबों का
ओ बेईमान! निबलों को दलने वाले तुम
हो सावधान! उबला है खून शरीफ़ां का!

तुम जो अपना यह घर भरते ही जाते हो
यह भी सुन लो अब तुम न कभी भर पाओगे
तुमने जो यह धोखेबाजी की है हमसे
तो चिनगारी को अब तुम लपटें पाओगे!

हम बहुत सह चुके अब तक ओ अत्याचारी!
पर सहने की भी एक सदा सीमा होती
औ' सीमोल्लंघन करवा कर हमसे तुमने
खुद ही तो अपने लिए परेशानी न्योती!

तुम सब तो शायद मन में थे यों सोच रहे-
'ये निर्धन सिर को कभी उठा ना पाएँगे
प्रतिरोध अगर करने की कोशिश की भी तो
चुटकियाँ बजाते मिट्टी में मिल जाएंगे।'

लेकिन तुम पर तो नशा छा चुका था धन का
तुम नहीं जानते क्या-क्या हम कर जाएँगे
कल तक तो पट्टी बँधी हुई थी आँखों पर
अब जाग्रत हैं, मारेंगे या मर जाएँगे!

अब उतने निर्बल नहीं रहे हम, तुम सुन लो
अब भारी शक्ति हमारे अंदर आई है
अब, या तो अपना अत्याचार बन्द कर दो
वरना जन-शक्ति, व्योम थर्राती आई है!

हम पहले तो थे बिखरे, पर अब एक हुए
धरती में धँसीं तुम्हारी जड़ें हिला देंगे
हम अवनि बना देंगे अंबर, अंबर अवनी
यह अट्टालिका धूल में आज मिला देंगे!

तुमको धिक्-धिक् है शतः बार पामरो! तुम्हें,
जो तुम हमको यों भूखा रखकर खाते हो
अपनी आँखों पर धन की पट्टी बाँध, और
निर्बल, भूखी जनता को यों तरसाते हो!

लेकिन शायद यह नहीं जानते बिल्कुल तुम
निर्बल हम पहले ही थे, पर अब नहीं रहे
तुम मानव होकर, पशु-व्यवहार दिखाते हो
तो सुन लो हम भी पहले जैसे नहीं रहे!

आखिर कब तक खुद कहो भूख मारते रहें?
हम सब भी तो इन्सानों के ही हैं बेटे
तुमने तो बस भर लिया अन्न गोदामों में
हो अब चाहते तुम्हारे चरणों में लेटें!

पर इतना आगे बढ़ने की मत सोचो तुम
अब तुगको हग राब बिल्कुल ना अवसर देंगे
मानवता तुममें अब भी अगर नहीं जागी
तो ईंट तुम्हारी का उत्तर पत्थर देंगे!

बस एक बात आखिर में सुन लो हम सबकी
यदि थोड़ी-सी भी चिनगारी तृण को लगती
तो बड़ा फूँस भी जलकर राखी हो जावे
इतनी तो उस लघु तृण में भी ताक़त जगती!

●●●

बेड़ियों को तोड़ दो

उठो! उठो! विशाल राष्ट्र-बेड़ियों को तोड़ दो
व्याप्त अंध-रूढ़ि-धार को तुरन्त मोड़ दो

झूठ-पाप-दंभ का विराट कुम्भ फोड़ दो
सत्य, पुण्य, सच्चरित्र ज़िन्दगी में जोड़ दो

व्यर्थ वस्तुओं को त्याग, तत्त्व सब निचोड़ लो
विश्व के महान व्यक्तियों से मित्र होड़ लो

प्रेम, शान्ति, एकता का भाव खुद में सान लो
हम सभी हैं पुत्र धरा के, ये मन में ठान लो

उठाओ शस्त्र कर में, ध्वस्त कर दो ये कुरीतियाँ
जाति-पाँति, रीति, धर्म-कर्म की कुरीतियाँ

सुख नहीं मिलेगा इनमें, झूठी ये मरीचियाँ
गिरा दो इन्हें, या गिरा देंगी तुम्हें ये भीतियाँ

उसी समय सफल कहेंगे हम तुम्हारी साधना
रोम-रोम कह उठेगा—जबकि हमको व्याधि ना

युद्ध के समय

युद्ध के समय
अट्टहास कर उठा शैतान
काँपने लगा
फ़रिश्ता नेकी का;
मुस्कराया खुदा
धीरे से बोला फ़रिश्ते से–

'सुनो!
आने को है अब
तुम्हारा ही ज़माना
क्योंकि ध्वंस के बाद ही
शुरू होता है
निर्माण का तराना!'

मत युद्ध रचा रे इन्सान

मत युद्ध रचा रे इन्सान
मत युद्ध रचा,
बन्द कर ले रे अपनी म्यान
मत युद्ध रचा...

भाई भाई से न लड़
युद्ध-जाल में न पड़
झूठी बातें तू न गढ़
अरे थोड़ा तो अब डर;

ऊपर देख रहा है भगवान
मत युद्ध रचा रे इन्सान
मत युद्ध रचा...

कितनी नारियाँ रोएँगी
धरती अश्रु से धोएँगी
कितनी माएँ सुत खोएँगी
कैसे सुख से फिर सोएँगी

जाग उट्ठेगा भव में शैतान
मत युद्ध रचा रे इन्सान
मत युद्ध रचा...

बन जा शांति का पुजारी
घोर हिंसा का संहारी
दूर हो विपत्ति सारी
धरती चैन ले बिचारी

मत रक्त से करों को निज सान
मत युद्ध रचा रे इन्सान
मत युद्ध रचा...

ध्वंस को तोड़ दे
विश्व-धार मोड़ दे
शैताँ-कर मरोड़ दे
कुरीतियों को छोड़ दे

तेरा गूँज उठेगा जय-गान
मत युद्ध रचा रे इन्सान
मत युद्ध रचा...

बन्द कर ले अब अपनी म्यान
न दिखा यह कि तू है बलवान
जग भी जाएगा तुझको तब मान
इस दुनिया में रहेगी तेरी आन

मत युद्ध रचा रे इन्सान
इतनी बात तो तू ले मान
मत युद्ध रचा
मत युद्ध रचा

भारत का प्राचीन शौर्य

जब कभी यहाँ पर, पहले रिपु चढ़ आते थे
तब क्षण में भारतीय एक हो जाते थे
वैरी जब आ जाता था, उन सबके सम्मुख
तब युद्ध-भूमि में वे जौहर दिखलाते थे

आ जावे उनके सम्मुख चाहे कभी काल
तो भी लड़ने में वे न तनिक डर खाते थे
जब भी उनको अवसर मिलता था लड़ने का
तब एक बा़र, फिर, रण में प्रलय मचाते थे

हर-हर बम-बम हर महादेव का विजय-घोष
तब आसमान की छाती चीर डालता था
बस रुंड-मुंड ही दिखलाई देते रण में
प्रत्येक वीर अपने घर मृत्यु पालता था

तब रण से जो संघर्षण होता धरती पर
उससे घहरा कर चट्टानें गिर जाती थीं
औ' प्रलयंकारी तीर चला करते थे जो
उनसे तब यह सम्पूर्ण धरा घिर जाती थी

तब उछल-उछल जाता था धरती का अन्तर
तब दहल उठा करती थी रिपुओं की छाती
तब अट्टहास वीरों के गूँजा करते थे
भैरवी-नाद भी चारण-टोली थी गाती

तब एक भयंकर गूँज उठा करती नभ में
जिससे डर कायर काँप-काँप उट्ठा करते
तब वीरों का उत्साह अत्यधिक होता था
तब भीषण रण से दुर्गम दुर्ग फटा करते

होते थे सेना में प्रविष्ट सब पुरवासी
मरने-मिटने में सदा अग्रणी रहते थे
कुछ भी हो जावे शत्रु न लेकिन आ पावे
इस हेतु अनेकों कष्ट वे सभी सहते थे

यों तो वे सब थे शान्त-सौम्य-दृढ़-तपोमूर्ति
अपनी समता वे नहीं विश्व में रखते थे
थे त्यागी-धीर-सुशील-तपस्वी-तेज-पुंज
वे किसी दूसरे के गुण-दोष न लखते थे

ओ मानवता के विध्वंसक

ओ मानवता के विध्वंसक
खूँख्वार भेड़ियो!
ख़बरदार!
जो अब भारत की सीमा पर
तुम सबने अपने
सने रक्त से पैर बढ़ाए
गांधी के इस
पुण्य देश को धोखा देने
तुमने
अपने क़दम बढ़ाए!

शायद नहीं जानते तुम यह
हम हैं
राणा की संतान!
आज़ादी के लिए
खुशी से मरने वाले
भगतसिंह, आज़ाद
आदि के प्रण की आन!

अब भी सम्हलो!
चाओ माओ!!
क्या नहीं गुमान तुम्हें
चीनी
किससे टकराने वाले हैं?
वे किनसे भिड़ने वाले हैं?
कटवाने गर्दन अपनी
किसके सम्मुख आने वाले हैं?

नहीं पता है अगर तुम्हें
तो अब सुन लो
हम
माँ वसुन्धरा की प्यारी सन्तान
देश की आन
और
यम से टकराने वाले हैं!

अरे चीनियो!
तुमसे लेने बदला
माँ का बच्चा-बच्चा
चप्पा-चप्पा
जाग उठा है।
हर गति से हुंकार उठा है।
यह जरूर है
जन्मे थे इस पुण्यभूमि में
शान्ति-प्रवर्तक
गौतम, गांधी,
किन्तु पामरो!
चमकी भी थीं
इसी देश में
वीर शिवाजी की तलवारें!

हम में
अब भी है वही लहू
जो कभी बहा करता
राणा की
जोश-भरी उन बाँहों में।
हम में

अब भी है वही ओज
जो कभी
दिखाई देता था
नेताजी, वल्लभभाई में!

हम में
अब भी ताक़त है
फ़ौलादों से टकरा जाने की
तलवारें चमका देने की
रक्तिम नदी बहा देने की
फ़ौरन ही लड़ मर जाने की
और
यहाँ से
तुम सबको
सीमा के पार भगा देने की!

सदा स्मरण तुम रखना, दुष्टो!
कभी नहीं झुकने देंगे
ध्वज
हम भारत का!

रुको! रुको!

रुको! रुको!
वहीं वहीं
न आगे पग बढ़ाना अब,
बहुत दूर
आ चुके हो
शीश निज चढ़ाना अब!

अभी बहुत समय है
कुछ करो न
पहले सोच्च लो,
कहीं न कर्म कर
तुम्हारे मन में
कुछ सोच हो!

कहीं न ऐसा हो
विचारते हो
जिसे क्षार तुम
कह उठो
कि फिर उसे तब,
जलता अंगार तुम!

सम्हल-सम्हल के
फूँक-फूँक
अपने तुम बढ़ाना पग
कहीं न
कुछ समय के बाद
कर उठें ये पग डग-मग।

नेत्र बन्द करके
बढ़े
चले आ रहे हो तुम,
अपने ऊपर
विपदा को
देख भी रहे हो तुम?

सामने पहाड़
बढ़े आ रहे हो
तुम फिर भी,
सोचा है
चारों ओर से
जाओगे घिर भी?

नभ में
अट्टहास करती
यम की वह छाया है,
देखकर
उसे भी, तुम्हें
होश नहीं आया है?

सुनो!
भारतीय सभी
वज्र-सम होते हैं!

विकराल पर्वत
पीठ पर रख के
ढोते हैं?

ऐसी चट्टान से
तुम अगर
टकराओगे?
एक बार में ही
चूर-चूर
सब हो जाओगे!

कण-कण
औ' अणु-अणु
ना तन के तुम पाओगे!
लौटना चाहोगे,
नहीं–
लौट के जा पाओगे!

सोच लो
रोकूँगा नहीं
तुमको मैं बढ़ने से!
सोच लो
रोकूँगा नहीं–
तुमको मैं मरने से!!

विजय न्याय की

बस अचानक ही
एक अज़दहा टूट पड़ा
स्वतन्त्रता से
विचरते हुए
निर्भीक शक्तिशाली चीते पर!

चीता तैयार न था
इस अप्रत्याशित
वार के लिए,
किन्तु ऐसे कठोर समय में भी
उसने धैर्य्य न खोया
साहस न खोया
और न खोया
अपना स्वाभिमान!

उसने हार न मानी
पास की
झाड़ी में छिपे हुए
साथियों से
उसने मदद न माँगी
और
अकेले ही
भिड़ गया
एक भयानक गर्जन के साथ
उस विशाल
भयंकर अज़दहे से!

घोर घमासान युद्ध
प्रारम्भ हो गया
उन दोनों के मध्य,
धरती खून से
रँगने लगी
बह चली, धीरे-धीरे
रक्त की नदी!

अज़दहा, घायल हुआ,
जीर्ण-शीर्ण हो गया–
चीते के भयंकर वारों से!

कम घायल न था चीता भी
किन्तु, न परवाह करते अपने घावों की
एकबार फिर
वह टूट पड़ा अज़दहे पर!

और इस बार
सम्हल न सका अज़दहा
चीते के मर्मान्तक वारों से,
बस कर पाया
क्षणिक प्रतिरोध ही वह!

और, फिर वह भागा
चीते के सीमा-क्षेत्र से,
अन्यायी पराजित हुआ और
हुई विजय न्याय की!

•••

अब सम्हलो

बस खबरदार! अब बहुत बढ़ चुके हो आगे
इससे आगे यदि बढ़े, भस्म हो जाओगे,
देवता शान्ति का अब तक शांत रहा, लेकिन
फुफ़कार उठा है, अब न सम्हल तुम पाओगे!

अब भी बच सकते इस कराल ज्वाला से तुम
पर फिर यम भी आवें तो बचा न पाएंगे,
कितने अर्से से शांत रहे हम भारतीय
पर कंठ हमारे प्रलय-गीत अब गाएंगे

तुम नहीं जानते कितने शांति-पुजारी हम
औ' कितना तीक्ष्ण चमाचम खड्ग हमारा है,
यदि एक तरफ गांधी-गौतम को पूजा है
दूसरी तरफ तो, रावण को भी मारा है!

तुम छिपकर वार किया करते हो धोखे से
पर हैं हम भी फ़ौलाद, नहीं डर जाएँगे,
तुम चाहे जितने वार करो छिपकर हम पर
हैं बने हुए चट्टान, नहीं मर पाएँगे!

हम आदि-काल से इच्छुक विश्व-शान्ति के हैं
औ' सदा पूजते रहते शान्ति-देवता को,
लेकिन यदि कभी किसी ने छेड़ा है हमको
तो भेज दिया है यम का स्वागत करने को।

यदि कभी किसी की वक्र-दृष्टि देखी हमने
तो उसी समय उसकी वह दृष्टि छीन ली है,

यदि कभी किसी की शत्रु-वाहिनी बढ़ी इधर
तो आगे बढ़कर अरि की सैन्य बीन ली है!

यदि कोई अपने हाथ इधर को लाएगा
तो हम ऐसे हाथों को तुरत तोड़ देंगे,
यदि कोई अपनी सेना इधर बढ़ाएगा
तो उसकी सेना का रुख तुरत मोड़ देंगे!

जो यहाँ हमारी शान्ति-भंग-हित आवेंगे
तो युद्ध-भूमि में उनसे सभी होड़ लेंगे,
जो बार-बार गर्दन इस ओर करेंगे निज
उनकी गर्दन बढ़कर हम सभी तोड़ देंगे!

अब तक तो तुमसे बहुत कहा हमने लेकिन
अब कुछ न कहेंगे, अब तो हम यह जान चुके,
होता है तांडव-नृत्य मृत्यु का तुम सब पर
अब मरने के तुम बहुत निकट, पहचान चुके!

कुछ मुड़ो जरा पीछे तो देखो अपने तुम
वे महाभयंकर यम के दूत देखते हो?
औ' जिनमें बँधकर प्राण तुम्हारे निकलेंगे
वे पड़े हुए फंदे में सूत देखते हो?

तुम नहीं जानते किससे लड़ने आए तुम
धोखे से सिंह-माँद में कर तुमने डाला,
अब सम्हलो! सम्हलो! हट जाओ पीछे को तुम
वह विकट भयंकर सिंह अभी जगने वाला!

अब पीछे हट जाओ वरना पछताओगे
यह क्रुद्ध सिंह देखो अब तुम पर टूटेगा,
खाली कर दो हस्तगत भूमि वरना सुन लो
जो ज्वालामुखी धधकता था, अब फूटेगा!

अब आँखें अपनी खोलो और देख भी लो
खुलने वाला तीसरा नेत्र अब शंकर का
अब बहुत शीघ्र छूटेगा चक्र सुदर्शन भी
उठने वाला कर–राम, कृष्ण प्रलयंकर का!

अब भीषण युद्ध मचेगा अरि की सेना से
अब बहुत जल्द ही महाप्रलय हो जाएगी,
अब लाशें ही दिखलाई देंगी दुश्मन की
रण की भीषणता धरती को दहलाएगी

अब शेषनाग फुफ़कार उठेगा क्रोधित हो
वह जलता सूरज भी नीचे गिर जाएगा,
अब दसों दिशाएँ गूँजेंगी क्रोधित होकर
अब आसमान का वक्षस्थल चिर जाएगा!

फिर फूट पड़ेगा महाकाल का अट्टहास
काली ले-लेकर खप्पर अपने आएगी
चामुंडा अपनी जीभ निकाल बढ़ेगी फिर
औ' रिपुओं की सेना में प्रलय मचाएगी!

भर-भर-भर करके ढह जाएँगे शिला-खंड
सन-सन सनसना उठेगा चक्र सुदर्शन फिर,
हर-हर का भीषण विजय-नाद फिर गूँजेगा
होगा चट्टानों में भीषण संघर्षण फिर

रह-रहकर तड़पेगी बिजली फिर एक बार
फिर एक बार सारा भूमण्डल काँपेगा
फिर एक बार थर-थर काँपेगी धरती यह
फिर एक बार अत्याचारी दल हाँफेगा!

टप-टप कर तारे टूट पड़ेंगे धरती पर
विध्वंसक ज्वालामुखी आज फिर फूटेगा!
अब टूट पड़ेगा वज्र इन्द्र का भी तुम पर
अब वासुदेव का चक्र तुम्हीं पर छूटेगा!

अब सावधान हो अतिक्रमण करने वालो
महिषासुर-मर्दन करने वाली खड़ी हुई
यह विध्वंसक-वाहिनी सामने है देखो
करने विध्वंस तुम्हारा रण में अड़ी हुई

बस केवल कुछ ही क्षण का अब तो समय बचा
फिर काल तुम्हारे सिर पर आकर नाचेगा
फिर बीच तुम्हारे मुर्दा ही मुर्दा होगा
फिर सेना का हर व्यक्ति मृत्यु को बाँचेगा!

फिर एक बार अन्यायी रावण हारेगा
फिर एक बार कौरव हारेंगे पांडव से,
फिर एक बार मुस्करा उठेगा अमर न्याय
औ' काँप उठेगा अन्यायी भी तांडव से

इस वीर धरा के वीर पुत्र हम भारतीय
अपने सिर को हाथों में लेकर चलते हैं,
हम हिला-हिला देते हैं सारा भूमण्डल
हम रण में भी बालक की तरह मचलते हैं!

हममें है इतना ओज, पराक्रम है इतना
तुमको जड़-सहित धूल में हमीं मिला देंगे!
अब जो भारत की भूमि दबा ली है तुमने
तो इसका भी हम तुमको मज़ा चखा देंगे!

हम वे तिब्बत के रहने वाले बौद्ध नहीं
जो बिना लड़े अत्याचारों को झेल गए,
हम वे भी पाकिस्तानी-स्वार्थी, भीरु नहीं
जो डर के मारे ओट तुम्हारी खेल गए!

हम तो हैं बोस सुभाषचन्द्र के अनुगामी
जिसने हिटलर तक से निज हाथ मिलाया था
जिसने अपने अनुपम कार्यों से भारत में
अंग्रेज़ों के दिल में तूफ़ान मचाया था

हिन्दोस्तान के हम ऐसे रहने वाले
प्रत्येक श्वास में तूफ़ानों की बस्ती है
आनंदित होने की बजाय दहले बैरी
ऐसी ही भारत के जन-जन की मस्ती है!

बस इसीलिए फिर एक बार कहते तुमसे
हमको ज़्यादा लड़ने का मत तुम अवसर दो
हमको क्रोधित होने का मत तुम अवसर दो
औ' शीघ्र हमारी भूमि हमें वापस कर दो

यदि सारे झगड़े शान्त भाव से निपट जायँ
तुमसे झगड़े की क्या फिर आवश्यकता है?
यदि कहने से ही भूमि हमारी दे दो तो
हमको लड़ने की क्या फिर आवश्यकता है?

पर एक कहावत भारत में भी है प्रसिद्ध
खल का स्वभाव तो कभी बदल ना सकता है,
कोई उसको चाहे जितना भी समझा ले
वह अपनी टेढ़ी चाल बदल ना सकता है।

लेकिन मत कर देना चरितार्थ कहावत यह
अन्यथा तुम्हें कोई भी बचा न सकता है,
धीरज रखने की सीमा एक हुआ करती
उसके आगे गांधी का कर उठ सकता है!

इसलिए भूमि लेने का तज दो तुम विचार
औ' हथियाई पृथ्वी को छोड़ हमें दे दो
हम कहीं त्याग कर धैर्य न बन जाएँ शंकर
इससे पहले ही भूमि हमारी तुम दे दो!

●●●

किधर चले?

किधर चले तुम बाल-वीर ओ?
तिमिर चीर दो!
मरुस्थलों में ध्वनित नीर हो!
उथल-पुथल क्यों मची हुई
तुम सबके उर में?
अरे! महाभारत के उद्‌भट
अभिमन्यु-सरीखे तुम्हीं वीर हो
महाधीर हो

उठो! उठो!
आगे बढ़ो!
एक बार फिर
जग के रंगमंच पर
प्रलयंकर तांडव नृत्य करो!
किसी से न व्यर्थ डरो
काल की कराल-वाहिनी भी
आ जाए यदि सामने—
उससे जा भिड़ो!
मरो—लेकिन दुश्मनों को
देश से
खदेड़ कर मरो!

अपनी प्रचंड, लौहदंड बाहुओं का
विश्वास करो,
अपनी भयंकर, प्रलयंकर
मस्त-गज सम प्रमत्त

शक्ति का विश्वास करो
भीम-सम, वैरियों के रक्त से
तृप्त अपनी प्यास करो
रण में महाप्रलय
मचा डालने की आस करो!

अरे, तुम्हारी इच्छा न होने पर
तृण-तो-तृण
कण भी न डोल सकता है,
गज, वनराज सिंह भी
न बोल सकता है
फूँक दो—पहाड़ उड़े!
आहट ज़रा होते ही
सिंह की
दहाड़ मुड़े!
तुम नहीं जानते
पर जानता हूँ मैं
कि तुम्हारे भीतर अमित शक्ति है
मातृभूमि के लिए भी उफनती चिर-भक्ति है!

इसलिए, उठो!
अपने आत्मविश्वास को जगाओ!
जागरण के, स्फूर्ति के, राष्ट्र के, उत्साह के,
मातामही की चिर-अदम्य, मुस्कुराती
दिव्य देवोपम मूर्ति के तराने गाओ!
और इन छोटे-छोटे
चींटियों की लम्बी पाँत- से चीनियों को
देश से भगाओ!

जाओ! इन दुश्मनों को एक बार फिर
राणा के चमचमाते भयंकर भाले की,
शिवाजी की तीक्ष्ण, लपलपाती
भयानक करवाली की,
रिपुओं के मस्तक विचूर्णित करने वाली
भीम की गदा की
एक बार फिर याद दिलाओ!
ओ, देश-रक्षार्थ प्राणोत्सर्ग करने वालो!
रिपुओं के कण-कण में
सैकड़ों बिजलियाँ बनकर समा जाओ!

जाओ!
इस विश्वासघाती की चुनौती का उत्तर देने
भारत का कीमती परचम तुम्हारे साथ है
माँ पर बुरी दृष्टि पड़ जाने का
ग़म तुम्हारे साथ है
चीनियों के भाग्य का तम–
यम तुम्हारे साथ है
तुम्हारा 'तुम' तुम्हारे साथ है
हमारा 'हम' तुम्हारे साथ है

प्रलंयकर-अभयंकर शिवशंकर के
तांडव नृत्य का कम्पन तुम्हारे साथ है

चंडिका का गर्जन तुम्हारे साथ है!
और वीरो!
इधर देखो–
मेरी यह छोटी पर शक्तिशाली
क़लम तुम्हारे साथ है!

रिपुओं की मृत्यु का
पैग़ाम तुम्हारे साथ है
सामान तुम्हारे पास है
सब कुछ तुम्हारे साथ है
सब कुछ तुम्हारे पास है
बस अब तो, ओ वीर सैनिको!
केवल तुम्हारे
हुंकृति करके चल देने की बात है!

संदेह मत करो!
आगे बढ़ो!
इधर-उधर मत देखो, मत सोचो
क्योंकि–ओ मेरे देश के वीर योद्धाओ!
यह भली-भाँति जान लो
कि, एक ही चाल में
शह और मात है!

उठो जवानो!

उठो जवानो! आज दिखा दो भारतवर्ष हमारा है,
जिसने दृष्टि इधर को फेरी, उसे कुचलकर मारा है!

तुम राणा के वंशज हो, पुरखों की आन निभाओ अब,
धारण कर केसरिया बाना, युद्ध-भूमि में जाओ अब!
संकट में इस धरती का प्रत्येक व्यक्ति हुंकारा है!
जिसने दृष्टि इधर को फेरी, उसे कुचलकर मारा है!

जयमल-फत्ता की भी तो अब याद करो तुम कुरबानी
और वीरता बादल की, रक्षित की थी जिसने रानी,
अभिमन्यू ने कटक कौरवों का भी तो संहारा है!
जिसने दृष्टि इधर को फेरी, उसे कुचलकर मारा है!

पुरुष नहीं, नारी भी धारण करती तीर-कमान है,
चमचम अपनी असि चमकाती, खाली रखती म्यान है!
सर ह्यू रोज़ यहीं रानी लक्ष्मीबाई से हारा है!
जिसने दृष्टि इधर को फेरी, उसे कुचलकर मारा है!

वीर तांत्या टोपे, नाना साहब की कुरबानियाँ,
कुँवरसिंह, सम्राट ज़फर की बलि की अमिट कहानियाँ-
अब भी गूँजा करती हैं बलिदानी भारत सारा है!
जिसने दृष्टि इधर को फेरी, उसे कुचलकर मारा है!

मरहट्ठों मुग़लों को जिसने एक बार दहलाया था,
आज़ादी के हेतु शिवा ने अपना खड्ग उठाया था!

यह हम सबका गौरव हमको प्राणों से भी प्यारा है!
जिसने दृष्टि इधर को फेरी, उसे कुचलकर मारा है!

पृथ्वीराज 'चह्वाण' आज फिर गौरी से टकराएगा,
आल्हा अपना अतुलित बल भी देखो आज दिखाएगा!
'अंतिम क्षण तक लड़ें-मरेंगे'–यही हमारा नारा है!
जिसने दृष्टि इधर को फेरी उसे कुचलकर मारा है!

यह वीरों का देश

यह वीरों का देश, यहाँ की धरती वीर-प्रसूता है,
इसके वीरों के दल-बल को किसने अब तक कूता है?
सावधान हो दुश्मन! शिव की शान्ति भंग करनेवाले!
भाई होकर भाई से ही आज जंग करने वाले!
आज हमारी सीमा पर से, अपने पापी पैर हटा
घुमड़ेगी अन्यथा युद्ध की फिर भारी घनघोर घटा
विद्युत-गति से, फिर आगे-ही-आगे बढ़ते जाएँगे,
और तुम्हारी ही जमीन में तुम पर चढ़ते जाएँगे।
आतताइयों से बहादुरी से हम लड़ते जाएँगे,
मातृभूमि-रक्षा-हित तन न्यौछावर करते जाएँगे।
हुंकृति करके आज दुश्मनों पर फिर टूट पड़ेंगे हम,
ज्वालामुखी समान आज फिर रण में फूट पड़ेंगे हम।
एक भयंकर गर्जन से यह धरती हमीं गुँजा देंगे,
युद्ध-क्षेत्र में आज शत्रु की लाशें हमीं बिछा देंगे।
आज एक क्षण को भी दुश्मन, रुक न समर में पाएगा,
बहुत शीघ्र ही वह तो, काल-गाल में आज समाएगा।
आसमान काँपेगा, सारी धरती यह हिल जाएगी,
और एक ही झटके से पाताल-लोक को जाएगी।
डगमग-डग ब्रह्माण्ड करेगा, उलट-पुलट होगी भारी,
अस्त-व्यस्त हो उट्ठेगी, तब तो फिर यह धरती सारी।
आज देखना, गंगा से लावा ही लावा निकलेगा,
जिसने इधर बढ़ाए पग, वह बुरी तरह से झुलसेगा।

डम-डम की ध्वनि गूँजी, लो प्रलयंकर शंकर नाच उठे,
हिली धरा, डोला नभ-मंडल, सुर-नर-मुनि भी काँप उठे।
आज मान-मर्दन होगा रिपु का, यह वही देख लेगा,
अपनी क़िस्मत को अपने ही हाथों आज मेट लेगा।
आज नारियाँ भी, रणचंडी का स्वरूप बन जाएँगी,
बन करके चट्टान शत्रुओं के समक्ष तन जाएँगी।
जौहर वाली प्रथा आज बस युद्ध-भूमि में होवेगी,
आज शत्रु की धरती भी लोहू के आँसू रोवेगी।
आज प्रचण्ड युद्ध को सैनिक रण की ओर मुड़ चलेंगे,
आज निछावर करने को वे, रण में प्राण, उड़ चलेंगे।
महाभयानक हमले से फिर रिपु ठंडा हो जाएगा,
रिपु की धरती पर अपना झण्डा सुन लो फहराएगा।
इस धरती की ओर बढ़ा, यदि रिपु, तो आज क़हर होगा,
आज देख लेना पानी भी रिपु के लिए ज़हर होगा।
आज देश की रक्षा-हित, हर व्यक्ति देश का घूम रहा,
दुश्मन से लड़ने को देखो, आज खुशी से झूम रहा।
एक-एक पर, रिपु के सौ-सौ जन भी पार न पावेंगे
बुरी तरह से आज शत्रु के सैनिक मारे जावेंगे।
आज किसी भी समय घोर रण से धरती फट जाएगी,
भारी उथल-पुथल से धुरी धरा की भी हट जाएगी।
आज हमारी सैन्य शत्रु के गढ़ पर धावा मारेगी,
आज ज़रा-सी देर बाद ही शत्रु-वाहिनी हारेगी।
आज हमारा एक-एक बच्चा राणा बन जाएगा,
चिनगी लपट बनेगी, दुश्मन क्षार-क्षार हो जाएगा।

माताएँ, बहनें–रणचंडी बनकर रिपु पर धावेंगी,
दुश्मन की सेना में वे सब भारी प्रलय मचावेंगी।

गूँज उठा सारा नभ-मंडल, हर-हर-हर के नारों से,
व्याप्त हो गई सारी धरती टूटे हुए सितारों से।

रानी लक्ष्मीबाई ने फिर से तलवार सम्हाली है,
वीर शिवाजी ने देखो फिर से कटार चमका ली है।

इधर जरा देखो, राणा भी भाला लेकर आता है,
उधर खड़ा भूषण देखो ओजस्वी गाने गाता है,

ऐसा समर मचेगा थर-थर धरती यह कँप जाएगी,
आग उगलते गोलों से सम्पूर्ण सृष्टि ढँक जाएगी।

फिर से अब भारत की जयजयकारों से नभ गूँजेगा,
फिर से अब अरि-सेना को कर्त्तव्य न अपना सूझेगा।

गरज उठेगा सिंह सपूतों का भी विजयी-दल बाँका,
सावधान हो जा दुश्मन! यदि तूने कभी इधर झाँका।

तुझे पता क्या कितने विजयी-वीर-बलिष्ठ हम सभी हैं,
तुझे ज्ञात क्या कितनी ताक़त वाले पुरुष हम सभी हैं।

बच्चा-बच्चा आज देश का, रण में प्रलय मचाएगा,
अब इस धरती का कवि रिपु की धरती पर ही गाएगा!

संकट जब भी आया

गाओ आज विजय के गान!
जिनको सुनकर लोगों के तन बन जाएँ चट्टान!

आँखों में बिजली भर लो तुम कण-कण में अंगारे
कह दो अब दुश्मन से काल खड़ा है पास तुम्हारे
मातृभूमि-रक्षा-हित कर दो रण को आज प्रयाण!

आज बहा दो युद्ध-क्षेत्र में तप्त लहू की धारा
सारे मज़हब भूल लगाओ 'जय भारत!' का नारा
भूमण्डल पर अपनी यश:पताका फिर दो तान!

संकट जब भी आया, मचल उठीं फ़ौलादी बाँहें
गूँज गई हैं जल-थल-अम्बर में रिपुओं की आहें
मोह त्यागकर अलग हो गए हैं शरीर से प्राण!

देखो-देखो घटा उमड़ आई है काली भू पर
नृत्य कर उठी महिष-मर्दिनी बज उट्ठे हैं नूपुर
एक बार फिर शंकर के सम करो हलाहल-पान!

गाओ आज विजय के गान!
जिनको सुनकर लोगों के तन बन जायें चट्टान!

शस्त्रों से श्रृंगार करो

आभूषण तज कर प्रिय! अपना शस्त्रों से श्रृंगार करो!
बनकर असुरमर्दिनी दुर्गा रिपुओं का संहार करो!

कोमलता को आज त्याग दो, रणचंडी का रूप धरो,
बढ़कर समरस्थल में प्रलयंकारी तांडव-नृत्य करो;
शंकर के त्रिनेत्र की ज्वाला, भर लो अपने नेत्रों में
लेकर खप्पर कर में शत्रु-लहू से जिव्ह्या तृप्त करो
चलो, उठो! आगे बढ़ आओ युद्धभूमि में प्रेयसि तुम
हिमखंडों को परिवर्तित कर दो–जलते अंगार करो!

कोटि-कोटि झाँसी की रानी की तुम याद दिला दो अब,
बढ़े इस तरफ़ जो भी चरण, धूलि में उसे मिला दो अब,
महाकाल के क्रोधानल की, बन जाओ तुम प्रलय-अग्नि
अपने प्रबल पराक्रम से, धरती-आकाश हिला दो अब,
गहनों की झंकारों में ही, डूब-डूब मत जाओ तुम
प्रबल वेग से अपनी धनु-प्रत्यंचा की टंकार करो!

आज युद्ध में प्रलय मचा देने को हो जाओ तैयार,
जयचंदों को खत्म करो, गौरी को दो कस कर ललकार,
आज तुम्हारे कण-कण से, ज्वाला ही ज्वाला फूट पड़े–
काँप उठे जल-थल अम्बर, तुम रिपु पर ऐसा करो प्रहार!
आज तुम्हीं हो समरचिह्न, हो आज समर की विजयचिह्न
अपने महाशौर्य्य से रण में तृण को भी तलवार करो!

युद्धभूमि में आज विजय की दुंदुभि प्रिये, बजा दो तुम,
अपने हाथों से मुझको भी रण के लिए सजा दो तुम;

अवसर आने पर नारी भी काल-स्वरूप हुआ करती
सीमा पार खड़े दुश्मन को अरे आज समझा दो तुम!
आज अपरिचित हो जाओ पग-पायल से, कटि-किंकिण से
अपनी मृदु स्वर-लहरों को बदलो, भीषण ललकार करो!

उठो! कि अब अँगड़ाई लेकर, विश्व चराचर हिल जाए,
उठो! तुम्हारा रौद्र रूप लख, रिपु का हृदय दहल जाए;
डग-मग-डग कर उठे धरित्री, काँप उठें सुर-असुर सभी
उठो! तुम्हारे विकट युद्ध से, सारी सृष्टि बदल जाए!
भूलो सारी प्यारी बातें प्रियतम! ऐसे संकट में
अब तो केवल तीखी अपनी तलवारों की धार करो!

आभूषण तज कर प्रिय! अपना शस्त्रों से श्रृंगार करो!
बनकर असुरमर्दिनी दुर्गा रिपुओं का संहार करो!!

●●●

गीत प्रलय के गाऊँगा

प्रेयसि! मुझसे मत करवा मनुहारें तू
अब कुछ दिन मैं गीत प्रलय के गाऊँगा!

देख कि सीमा पर दुश्मन चढ़ आया है
आस्तीन का विषधर बन बढ़ आया है
झूठ कपट का इन्द्रजाल गढ़ आया है
अजब कुहासा-सा मन में भर आया है

प्यार भरी वादी से अब न पुकारे तू
अब कुछ दिन मैं गीत विजय के गाऊँगा!

दुश्मन ने अपनी ही संस्कृति रौंदी है
बची-खुची सारी इज़्ज़त भी खो दी है
भेद-भाव की बेल आज फिर बो दी है
अपने पापों की गठरी फिर ढो दी है

आज प्यार से भर मुझको न दुलारे तू
अब कुछ दिन मैं गीत समय के गाऊँगा!

उजड़ रही अब देख कि डोली माँ की है
बिगड़ रही तक़दीर कि भोली माँ की है
देख! जल रही धू-धू होली माँ की है
देख! हो रही आज ठिठोली माँ की है

रूपसि! दूर खड़ी होकर न गुहारे तू
नये गीत विध्वंसक-लय के गाऊँगा!

रिपु अब टेढ़े बोल बराबर बोल रहा
अपनी वाणी में विष-सा है घोल रहा

बार-बार कर मातृभूमि का मोल रहा
आज हमारी ताक़त शायद तोल रहा

चल आ समर भूमि में अब हुंकारे तू
क्योंकि गीत मैं नहीं प्रणय के गाऊँगा!

प्रेयसि! मुझसे मत करवा मनुहारें तू
अब कुछ दिन मैं गीत प्रलय के गाऊँगा!

ओ रे कवि

कवि!
आज तुम्हारे देश पर
एक दग़ाबाज दुश्मन चढ़ आया है
सदियों से नियत
सीमा-रेखा का उल्लंघन करने
चुपके से बढ़ आया है।
यह कैसा अनर्थ हो रहा है तुम्हारे रहते!
अरे, तुम क्यों नहीं अब भी
दहाड़ कर दुश्मन से कहते–
कि सावधान!
इस धरती की ओर बढ़ने वाले पैरों को
तोड़ दिया जाता है!
कि इस ओर
अपना रुख करने वाली शत्रु-वाहिनी को
मोड़ दिया जाता है!!

चलो!
त्याग दो क़लम और काग़ज
और उठा लो हाथ में
चमचमाती तीक्ष्ण धार वाली भयानक तलवार!
हाँ, बन जाओ पहले से भी अधिक खूँख्वार!!
हाथों में भाला
आँखों में ज्वाला
शरीर में पहनकर
मुंडों की माला
पी-पी कर युद्धोन्माद की हाला

कर डालो रास रे प्रलयंकर
खड़ी है सामने रण-चंडिके बाला!

आज तुम्हें करना है विजय-श्री का वरण
भले ही करने पड़ जाएँ तुम्हें अपने प्राण अर्पण!
कर में धर शस्त्र
पहन केसरिया वस्त्र
कूद पड़ो ओ रे कवि! कूद पड़ो जंग में
दुनियाँ भी देख ले तुमको इस रंग में
मृत्यु के संग में!

आज तुम्हारी ही मुख्य भूमिका है
और तुम अचानक ही प्रकट हो जाओ
बनकर सैकड़ों-सैकड़ों चन्द बरदाई!
तुम्हें निभानी है अपनी भूमिका–
सिंह-से दहाड़ उठो
हाथ में कटार लो
आज अस्त्र-शस्त्र से चूम-चूम प्यार लो
दुश्मनों को आज मातृभूमि से निकाल दो!
विजय का प्रतीक-चिह्न व्योम में उछाल दो!!

आज यही चाह रही भारत माँ तुमसे–
कि कवि तुम बन जाओ खूँख्वार
नष्ट कर दो उन सबको
कि जो हों ग़द्दार
और उठा लो अपने सबल कर में तलवार
एक बार
फिर से!

गति है तूफ़ानी

मेरी गति है तूफ़ानी!

बाधाएँ आती हैं मग में
विपदाएँ लाती हैं सँग में
पर न कहीं भी रुकता हूँ मैं
पर न कहीं भी झुकता हूँ मैं

आगे हां बढ़ता जाता हूँ
मंज़िल मुझे जल्द पानी!

मेरा पथ आगे जाता है
मेरा रथ आगे जाता है
मुड़कर पीछे नहीं देखता
उड़कर नीचे नहीं देखता

रहता बस उन्मुक्त विचरता
दूर गगन का हूँ प्राणी!

मुझसे आगे मेरी गति है
मुझसे पीछे मेरी यति है
तेज़ी से आगे बढ़ता हूँ
तेज़ी से ऊपर चढ़ता हूँ

झंझावात काँपते रहते
हूँ मैं ऐसा सेनानी!

मेरी गति है तूफ़ानी!

चलो जवान देश के

चलो जवान देश के
चलो महान देश के
मही तुम्हें पुकारती रे!

चलो तुम्हारी चाल से पर्वत भी आज डोल जाय
चलो तुम्हारी आग से सागर भी आज खौल जाय
देती है उबाल-उबाल कायरों के खून को जो
आज हरेक व्यक्ति में हाँ जाग वही हिल्लोल जाय
अरे कि काँप जिससे रिपु के देश का भूगो़ल जाय

और जरा ज़ोर से उमड़ चलो
और जरा ज़ोर से घुमड़ चलो
दुश्मन के शीश आज चढ़ चलो
विजय का गिरीश आज गढ़ चलो

लहरा कर बढ़ो आज
घहरा कर बढ़ो आज
दीप्तिमान देश के!
बढ़ो कि और भी बढ़ें नौजवान देश के–

चलो जवान देश के
नवल विहान देश के
आरती तुम्हारी माँ देखो फिर उतारती रे!
मही तुम्हें पुकारती रे!

तुम्हारे प्रबल वेग से दुश्मन का बाँध टूट जाय
अरे तुम्हारे शौर्य्य का ज्वालामुखी अब फूट जाय
झूमते हुए जवान इस तरह बढ़े चलो
कि आज भाग्य वैरी का स्वयं ही उससे रूठ जाय
उसकी लहलहाती-सी सपनों की फसल लूट जाय

सीना रिपु के समक्ष तान लो
हाथों में तीर औ' कमान लो
भीषण तूफ़ान की उड़ान लो
करने की मन में कुछ ठान लो

तम को अब काट दो
अंध-कूप पाट दो
रे दिनमान देश के!
समझा दो विश्व को समस्त ज्ञान देश के!
चलो जवान देश के
किरण-वितान देश के
सब दिशाओं में शक्ति तुम्हारी हुंकारती रे!
मही तुम्हें पुकारती रे!

कहीं न सत्य की गरदन को असत्य काट जाय
कहीं न कूप अच्छाई का बुराई पाट जाय
जिस तरह की बुराई का तुम कर रहे हो सामना
कहीं न उसका रूप और भी कि हो विराट जाय
कहीं न बन्द हो जिससे हृदय का कपाट जाय

भारतमाता की जय बोल दो
शौर्य्य का अजस्र स्रोत खोल दो
अपनी आजानु-बाहु तोल दो
सागर में रिपु-शोणित घोल दो

रिपु को ललकार दो
दहला संसार दो
अग्नि-वाण देश के!
प्रेरक तुम्हारे हैं श्रुति-पुराण देश के!
चलो जवान देश के
कठिन कृपाण देश के
दुर्गा भी खून से तन अपना सिंगारती रे!
मही तुम्हें पुकारती रे!

●●●

देशप्रेम

(सर वाल्टर स्कॉट की कविता 'पेट्रियॉटिज़्म' का काव्यानुवाद)

क्या कोई जीवित है ऐसा अधम व्यक्ति
जिसने स्वदेश लौटते हुए न कहा हो–
'यही मेरी अपनी, मेरी ही मातृभूमि है'
और न हृदय देशप्रेम से पगा हो?

यदि कोई ऐसा भी व्यक्ति जीवित है तो
जाओ और उसका सम्पूर्ण निरीक्षण करो
ऐसे व्यक्ति के लिए कोई लिखेगा न काव्य
चाहे उसे मान और पदवी खूब मिली हो

उसके पास धन का हो अथाह भंडार मगर
ऐसा व्यक्ति क़ाबिले-तारीफ़ नहीं हो सकता
उसका संपूर्ण धन, मान, पदवी व्यर्थ हैं
और वह कभी लोकप्रिय हो नहीं सकता

देशप्रेम-रहित ऐसा स्वार्थी मनुष्य फिर,
मरने पर भयानक और दोहरी मौत पाएगा,
रोएगा न इज़्ज़त से याद करेगा कोई–
औ' न कोई गायक उसकी स्मृति-गान गाएगा!

मूल्यांकन

राष्ट्रीय जागरण और नवनिर्माण का काव्य

– डॉ. अरविंद त्रिपाठी

आज़ादी के पूर्व छायावादोत्तर काल में निराला, नवीन, माखनलाल चतुर्वेदी, सुभद्राकुमारी चौहान आदि कवियों ने राष्ट्रप्रेम को व्यापक जनसंघर्षों, जन जागरणों से जोड़ने की कोशिश की निराला की 'राम की शक्ति पूजा' शिवाजी के नाम पत्र' जैसी कविताओं में राष्ट्रीय चेतना के साथ-साथ राष्ट्रभक्ति के स्वर भी मुखरित हुए हैं। राम के भीतर का पराजित नायक दरअसल पराधीन भारत की जनता का दग्ध हृदय है, जिसे निराला जगाना चाहते हैं। इसी तरह 'बादल राग' किसान-चेतना-जागरण के मंत्र की कविता है। आज़ादी के पूर्व की कविता के समक्ष चुनौती सिर्फ़ राजनीतिक आज़ादी की थी। आज देश-प्रेम की चुनौतियाँ बिल्कुल बदल गयी हैं। 'हरी ओ देश के' कवि उद्भ्रांत की देश-प्रेमपरक कविताओं का एक उल्लेखनीय संग्रह है। इसमें राष्ट्रीय जागरण और पुनर्जागरण के स्वर के साथ आज़ादी के बाद भारत के नवनिर्माण का स्वप्न भी झलकता है। कवि उद्भ्रांत की दृष्टि औरों से भिन्न है। उनकी अनेक कविताएँ इस संग्रह में ऐसी हैं जिनका सीधा संबंध जनजागरण से है। उनमें सैनिकों से प्रेम के साथ उन मज़दूरो से भी गहरा प्रेम है जो राष्ट्र के नवनिर्माण और विकास में सक्रिय भूमिका निभा रहे हैं। 'मजदूरों की बस्ती' इस दृष्टि से एक उल्लेखनीय कविता है– 'यह मजदूरों की बस्ती/यहां डोलती है मस्ती/इसकी छटा जगत में भैया बहुत निराली है/कलों-कारखानों के मस्तक पर श्रम हँसता है/लजवंती मेहनत को वह बाहों में कसता है/उससे हाथ मिलाने को आसमाँ तरसता है/एक अनोखी दुनिया में वह जाकर बसता है। एक अनोखी बात यहाँ/कभी न होती रात यहाँ/मन की गोरी बहुत, भले ही तन की काली है/इसकी छटा जगत में भैया बहुत निराली है।

कवि ने इस संग्रह में श्रम-संस्कृति को देशभक्ति का सर्वोपरि सोपान माना है। कवि की यह व्यापक जनदृष्टि देश-प्रेम पर लिखी जाने वाली कविताओं का पाट चौड़ा करती है। इस संकलन में 'श्रम

से जीने वाले है, "श्रमजीवी हूँ' जैसी कविताएँ विशेष रूप से उल्लेखनीय हैं। श्रम -संस्कृति के महत्त्व को कवि ने स्वीकार किया है–**'श्रम ने मुझको बड़ा किया/दो पैरों पर खड़ा किया/श्रम के आगे कौन है/युग की वाणी मौन है/मैं श्रमजीवी हूँ।"**

उद्भ्रांत की इन देशभक्ति की कविताओं की दूसरी विशेषता यह है कि वे सौंदर्य और प्रेम के स्थान पर जागरण और स्वप्न की बात करते हैं। कवि की यह मुद्रा माखनलाल चतुर्वेदी जैसी है, जो मिलनोत्कंठा की जगह क्रांति और जागरण की बात करते हैं। 'मैं कैसे गाऊँ' 'गीतकार से', 'गीत समय के गाऊँगा' जैसी रचनाओं में कवि प्रणय के स्थान पर जागरण, सृजन, और नये युग के निर्माण की बात करता है। वह प्रेम को स्थगित करते हुए साफ कहता है– 'मैं कैसे गाऊँ गीत प्रणय के प्यार के/जब चिंताओं से भरा देश का भाल हो' (मैं कैसे गाऊँ) 'रूपसी मुझसे मत करवा मनुहारें तू/ अब कुछ दिन मैं गीत समय के गाऊँगा' (गीत समय के गाऊँगा) इसी तरह प्रणयी गीतकारों से प्रार्थना करते हुए वह कहता है– 'पीड़ा के बहुत गीत गाये हैं तुमने/अब समय कह रहा/गीतों के स्वर बदलो/अपने गीतों के स्वर बदलो।'

उल्लेखनीय है कि ये सभी रचना कवि के आरंभिक लेखन के समय की हैं, अर्थात ये कविताएँ सातवें दशक में लिखी गयी हैं। तब देश ने तीन-तीन युद्धों का कठिन समय जी लिया था। इस कविठन समय को कवि ने वाणी दी। इसलिए इन कविताओं का महत्त्व जनजागरण की दृष्टि से ज्यादा महत्त्वपूर्ण है। कवि ने कई स्थानों पर तुकबंदियाँ की हैं, पर इस तुकबंदी में भी कविता की वाचिकता का एक गहरा आस्वाद छिपा है।

उद्भ्रांत के कविकर्म की एक बड़ी पूँजी है–कविता का लय-विधान, जो उनके गीतों में सर्वोपरि है। इस संग्रह की अनेक कविताओं में लय-विधान पर कवि की गहरी पकड़ है– "दोष मत देना अगर कवि धैर्य छोड़े/झपटकर गर्दन अंधेरे की मरोड़े/चूर कर दे आततायी का दुराग्रह/रक्त की आख़िरी बूँद भी निचोड़े।" (दोष देना मत मुझे)

इस प्रकार कहा जा सकता है कि समीक्षित कृति आज़ादी की अर्धशती पर देश की स्वाधीनता की पुकार को एक बार फिर सुनने का, और देश के नव-निर्माण की प्रक्रिया को समझने का एक कारगर माध्यम हो सकता है।

–'इन्द्रप्रस्थ भारती' (त्रैमासिक),
नई दिल्ली, अप्रैल-जून, 1999

प्रहरी कविताएं

– संगम पांडेय

'प्रहरी ओ देश के' आज पचास के लपेटे में पहुंच चुके कवि उद्‌भ्रांत के काव्य जीवन के शुरुआती दौर के गीतों का संग्रह है। ये गीत अधिकतर उद्‌बोधनात्मक या आह्वानमूलक हैं और दो खंडों में हैं– 'गीत समय के' और 'उठो जवानों'। इनका रचनाकाल 1961 से लेकर 1969 तक का है। इसी दरमियान देश ने पाकिस्तान और चीन के खिलाफ दो लड़ाइयां भी लड़ीं थीं, इसलिए ज़ाहिर है इन गीतों का आह्वान इन युद्धों के प्रसंग में भी है।

उद्‌भ्रांत की छंद पर अच्छी पकड़ है। इन गीतों में कोई गहरी बात नहीं है, पर एक गहरा जज़्बा और उम्मीद है। नौजवानी का एक तत्पर आशावाद है। साथ ही लय के कई तरह के प्रयोग इनमें हैं और बात को ताज़गी से, नए किस्म की उपमाओं आदि के साथ कहने का सलीका है। मसलन– 'डगमगाने लगा है भूगोल सारा/ हिल रहा हो थाल में जिस तरह पारा'। दूसरी ओर चीन के विरुद्ध किशोर कवि के आवेश में बदलते आवेग की लय देखिये– 'यह जरूर है/जन्मे थे इसी पुण्य-भूमि में। शांति-प्रवर्तक/ गौतम गांधी/ किंतु पामरो!/ चमकी भी थीं/ इसी देश में/ वीर शिवाजी की तलवारें।' इसी तरह लालबहादुर शास्त्री के निधन पर भी एक कविता है– 'लो आज पुनः यह वज्र गिरा/ हो उठी प्रकंपित वसुंधरा।' किशोर कवि की प्रतिभा को रेखांकित करते हुए सुमित्रानंदन पंत, भवानीप्रसाद मिश्र और सोहनलाल द्विवेदी जैसे शीर्षस्थों की टिप्पणियां पुस्तक के फ्लैप पर दी गई हैं। और हालांकि, यह संकलन आज़ादी की पचासवीं वर्षगांठ पर प्रकाशित किया गया है, यह उल्लेख करना अन्यथा न होगा कि आज उद्‌भ्रांत इसे 'राजनैतिक सौदेबाजी के कारण मिली खंडित आज़ादी' मानते हैं। इसके अलावा पुस्तक की भूमिका में कवि ने अपनी प्रारंभिक काव्य-परिस्थितियों का संक्षिप्त परिचय भी दिया है।

– 'जनसत्ता' (दैनिक), नई दिल्ली

ओज एवं माधुर्य

राष्ट्रीय चेतना की कविताएँ

'प्रहरी ओ देश के' कवि उद्‌भ्रांत का नवीनतम काव्य-संग्रह है। कवि ने इस काव्य-संग्रह में राष्ट्रीय चेतना से ओत-प्रोत कविताओं का संकलन किया है।

भारत-पाकिस्तान युद्ध की पृष्ठभूमि पर लिखे गये इन गीतों ने अपने युग की तात्कालिक आवश्यकता को पूरा किया था। कवि की कविताएं विचारों से आक्रांत नहीं हुई हैं।

उनकी कविताओं में जहां प्रखर ओज है, वहीं माधुर्य भी है। प्रस्तुत काव्य-संग्रह की कविताओं का रचना-काल 1960-'69 तक का है। कवि ने अपने प्रारंभिक रचना-काल की कविताओं का प्रकाशन आज़ादी की पचासवीं वर्षगांठ के अवसर पर किया है। पुस्तक पठनीय है।

– 'कादंबिनी' (मासिक)
नई दिल्ली, दिसंबर, 1997

राष्ट्र प्रेम से आप्लावित कविताएं

–डॉ. शम्भुदत्त पाण्डेय

काव्य शास्त्र के आचार्यों ने कात्य सृजन के अभिप्रेत की व्याख्या करते हुए कहा है कि 'काव्यम यशसेऽर्थकृते व्यवहारविदे शिवेतरक्षतये। सद्यः परनिर्वृत्तये कान्तासम्मिततयो पदेशयुजे।' उद्भ्रांत के नवीनतम काव्य संग्रह 'प्रहरी ओ देश के' अपने प्रथम पाठ में ही काव्य संदर्भित उक्त निष्कर्ष का व्यावहारिक विस्तार प्रतीत होती है, किंतु काव्य संग्रह की समीक्षा से पूर्व उद्भ्रांत की काव्यानुभूति की वैचारिक पृष्ठभूमि को जानना निश्चय ही समीचीन होगा।

'दो बातें आपसे' पर दृष्टिपात से यह स्पष्ट है कि उदभ्रांत की बाल्यावस्था का पारिवारिक सामाजिक परिवेश राष्ट्रीय जन-जागरण की अदम्य ऊर्जा से भरपूर आप्लावित था। वस्तुतः भारत वर्ष को आजादी मिली 1947 में और उद्भ्रांत का जन्म हुआ 1948 में। इस नयी आज़ादी के साथ-साथ ही जवान हुए उद्भ्रांत के हृदय में एक ओर जहां युवा अवस्था का गुलाबी रोमानीपन इंद्रधनुषी हिलोरें ले रहा था, वहीं इस आज़ादी के प्रारम्भिक उत्सवी वर्षों ने उनके व्यक्तिगत रोमानीपन को व्यापक स्तर पर सामाजिक परिवेशजन्य आरोह-अवरोहों से भी संयुक्त किया। परिणामस्वरूप उनका हृदय तरुण प्रेम के चटक जोशीले रुनझुन गीतों के साथ-साथ वीर रस से सराबोर राष्ट्रीय भावनाओं से जुड़े धधकते गीत भी गाने लगा। तत्कालीन चर्चित राष्ट्रप्रेम गीतों के गहन प्रभाव में ही उनकी राष्ट्रीय भावनाएं तुकबंदियों के रूप में परिलक्षित होने लगी थीं। बाल्यावस्था में उन्होंने लिखा 'आओ बच्चो तुम्हें तुम नेताजी की अमर कहानी, तब से अब तक सैकड़ों गीतों का सृजन इसी उद्दाम उत्साह से होता रहा। आज़ादी की इस पचासवीं वर्षगांठ के अवसर पर अपने अन्य संग्रहों से भी राष्ट्रीय भावनाओं से जुड़ी प्रतिनिधि कविताओं को एक नये काव्य संग्रह 'प्रहरी ओ देश के' रूप में पूंजीभूत

किया। यों कवित्व के विकास-क्रम की दृष्टि तथा मनोरम छटाओं की सहज भावाभिव्यक्ति की दृष्टि से संकलन को दो खंड़ों 'गीत समय के' तथा 'उठो जवानों' के रूप में विभक्त (अलग-अलग सजाया कहना ज्यादा प्रासंगिक होगा) किया गया है।

'गीत समय के' के अंतर्गत जीवन में समय-समय पर आई परिस्थितियों व मन:स्थितियों के बीच के द्वंद्व व अंतिम प्रभाव की अभिव्यक्ति ही अधिक है।

'गीत समय के' जिनका रचनाकाल 1963 से 1969 के मध्य का रहा है, के प्रारंभ में उद्भ्रांत के युवापन की परिपक्व होती वैचारिक जीवनदृष्टि को देखा जा सकता है–

जब चिन्ताओं से भरा देश का भाल हो/जब गंगा का पानी लोहू से लाल हो/पश्चिम से काली आँधी उठती आती हो/धरती माता की छाती फटती जाती हो/मैं कैसे गाऊं गीत प्रणय के प्यार के।।'

'प्रहरी ओ देश के', जो कि इस संकलन की शीर्षक कविता है, वास्तव में राष्ट्र-प्रेम की अतल गहराइयों तक जड़ें जमाकर ही उत्सर्ग के शीर्ष पर सुशोभित है। यह आज के लिए ही नहीं लम्बे भविष्य तक के लिए भी प्रासंगिक रहेंगी।

'प्रहरी ओ देश के,
सावधान हो!
आ पहुंचा है दुश्मन फिर द्वार पर
नहीं कमलवन में तू अब यों विचर

संकलन का दूसरे खंड 'उठो जवानो' (रचनाकाल 1961) अपने अंश-अंश के सर्वांश तक राष्ट्र-सम्मान के संरक्षण एवं विकास को समर्पित है, गीतों की पूर्व पीठिका के रूप में उद्भ्रांत ने स्पष्ट आह्वान किया है कि–

और जरा जोर से उमड़ चलो
और जरा जोर से घुमड़ चलो
दुश्मन के शीश आज बढ़ चलो
विजय का गिरीश आज गढ़ चलो

इसके बाद तो 'जवान! उठ पड़ो', 'हुंकार', तुम शक्ति पुत्र भाई', 'बापू तुम थे', 'फिर दीप जले' से लेकर 'मांझी रे', 'युद्ध के समय' से होते हुए 'देश प्रेम' तक के सफर में अनेक भाव-विभोर कर

देने वाली रचनाओं का सृजन किया गया है। रवीन्द्रनाथ टैगोर की 'एकला चलो रे' की मशाल लेकर उनकी कविता 'किधर चले?' भी मानो हर एकाकीपन को सामूहिक संघर्ष से जोड़ने को उद्धत है।

शिल्प पक्ष की दृष्टि से संकलन में तुकांत व अतुकांत दोनों विधाएं समाहित हैं। गीतों में लयात्मकता संगीतबद्धगेयता के लिए सहज संभाव्य तो है, मगर कहीं-कहीं यह अतिरिक्त प्रयास गीतों को अपनी मूल अंतर्वस्तु व काव्य-प्रयोजन से विचलित भी कर देता है। अनेक स्थलों पर भावोद्रेक के कारण ओज अंततः खालिस रौद्र रस तक पहुँच जाता है। राष्ट्र प्रेम की उद्दाम छवि तो बहुत साफ झलकती है, किंतु साम्राज्यवादी मनोवृत्ति या व्यवस्था, विरोध में लिखी इन कविताओं से और अधिक चैतन्य, दृष्टि-संप्रक्त रचनाओं की मांग भी जागती है। कुल मिलाकर 'प्रहरी ओ देश के' में उद्‌भ्रांत व्यक्ति को देश से जोड़ने में काफी सफल हैं।

–'राष्ट्रीय सहारा' (दैनिक),
नई दिल्ली, 15 दिसंबर, 1996

राष्ट्रीय चेतना के गीत

प्रसिद्ध कवि और लेखक उद्भ्रांत की राष्ट्रीय कविताओं का संकलन है 'प्रहरी ओ देश के।' इसमें उनकी सन् 1960 से 1969 तक की 76 कविताएं संकलित हैं। 'गीत समय के' और 'उठो जवानो' नामक दो खंड़ों में ये कविताएं विभक्त हैं। 'गीत समय के' में राष्ट्रीय चेतना की कविताएं हैं और 'उठो जवानों' में भारतीय जवानों की शौर्य गाथाओं के साथ देश प्रेम, पर्व आदि की मिली-जुली गीत रचनाएं हैं। इस संकलन की अधिकांश कविताएं छंदबद्ध हैं, जो बेहद सरल और सहज रूप से लिखी गयी हैं।

आजादी की 50वीं वर्षगांठ के अवसर पर इस पुस्तक का विशेष महत्व है। इसी दृष्टि से इनका प्रकाशन भी हुआ है। आम पाठकों को ये गेय रचनाएं पसंद आयेंगी। राष्ट्रीय आयोजनों पर गाये जाने के लिए ये अनुकूल हैं। इस संकलन की रचनाओं की बानगी प्रस्तुत करने के लिए इनमें से एक रचना' ये मेरे अग्नि-गीत' का यहां पुनर्प्रकाशन किया जा रहा है।

– 'अक्षर भारत' (साप्ताहिक)
नई दिल्ली, 25 अगस्त, 1997

देश प्रेम की भावना की अभिव्यक्ति

– साधना सोलंकी

जैसा कि नाम से स्पष्ट है कि 'प्रहरी ओ देश के' देश प्रेम की भावनाओं को व्यक्त करता काव्य संकलन है, जिसकी अधिकतर कविताएं देश के प्रहरी सैनिक को समर्पित हैं। यह संकलन कवि के पूर्व प्रकाशित काव्यसंग्रह 'आग बोलती है' का पुनर्प्रकाशन है, जिसे आज़ादी की 50वीं वर्षगांठ के संदर्भ में देखे जाने का लेखक का निवेदन भी है। लेखक का यह आग्रह कि इन कविताओं को साहित्य के मौजूदा मानकों की कसौटी पर न उतार कर, इनके अनगढ़ रूप में ही इनकी काव्य बीज-प्रवृत्तियों को परखा जाए, इन कविताओं की पड़ताल को दायरे में ले आता है।

वैसे भी काव्य में विचार पक्ष का महत्व हृदय पक्ष से कम होता है। बेशक देश के प्रति प्रेम-भाव सर्वोपरि है और यह भावना इस संग्रह की कविताओं में पूरे ओज और आवेग के साथ उपस्थित है। 'ओ रे कवि' शीर्षक कविता में यह भाव अपने चरम पर है–

...चलो! त्याग दो/कागज और कलम/ और उठा लो हाथ गें/चमनमाती तीक्ष्ण धार वाली भयानक तलवार!...

देश को प्रत्यक्ष दुश्मनों से सावधान करती इन कविताओं में देश के लिए आड़े वक्त में प्रेयसी भी गौण है।

प्रेयसि! मुझसे मत करवा मनुहारें तू
अब कुछ दिन–मैं गीत प्रलय के गाऊंगा

संग्रह की सभी कविताएं सहज, सरल और प्रभावी हैं।

– 'राजस्थान पत्रिका'
जयपुर, 17 मई, 1998

परिशिष्ट-I

राष्ट्रीयता की अवधारणा

– *उद्‌भ्रांत*

जिस समय समूचा राष्ट्र अनेकमुखी विषम समस्याओं की धधकती आग में से गुज़रता हुआ 1857 की 150वीं वर्षगांठ मना रहा हो – जिसमें इन पंक्तियों के लेखक की प्रारम्भिक काल ही इधर-उधर बिखरीं और पूर्व प्रकाशित मुख्यतया छंदबद्ध राष्ट्रीय रचनाओं का एक जिल्द में पुन: जनता के समक्ष लाने जैसा नगण्य, निर्गुणी, योगदान ही शामिल हो (बावजूद इसके कि येन-केन-प्रकारेण आज़ादी प्राप्त करने के बाद से ही ऐसी हमारे रचनाएं लिखना हमारे आज़ाद बुद्धिजीवियों की निगाहों में पलायन या खींच-तान कर तीसरे दर्जे से ऊपर का काम न माना गया हो!)–ऐसे समय राष्ट्रीयता की अवधारणा पर विचार करना क्या सर्वथा अनुचित माना जायेगा?

चलिये इसका भी परीक्षण कर लेते हैं।

राष्ट्रीयता आखिर है क्या? यदा-क़दा उसे परिभाषित करने का प्रयास क़रने वाले हम – जो स्वयं को भारतीय कहते हैं – क्या सचमुच राष्ट्रीयता के मायनों को जानते हैं? और यत्किंचित् जान भी गए हैं तो क्या वह कमज़ोर बैसाखी पर्याप्त है यह निष्कर्ष निकालने के लिए कि यह एक स्थिर अवधारणा है?

गुलाम भारत में राष्ट्रीयता से तात्पर्य गुलामी की जंजीरों में जकड़े राष्ट्र की स्वाधीनता के लिए की गई सबल हुंकार माना जाता था। मगर इन दिनों के आज़ाद भारत में क्या उसे निरंतर पनप रही अपसंस्कृति के विरुद्ध उमड़ती भावना से जोड़ा जाएगा? क्या यह राष्ट्र को भीतरी शत्रुओं से बचाने के लिए की गई एकजुट लड़ाई है? क्या यह राष्ट्रीयता तभी उभरती है जब कोई बाहरी दुश्मन हम पर हमला करता है? क्या यह हमारे भीतर से उपजती है अथवा बाहरी परिस्थितियों का दबाव इसे हमारे भीतर रोपता है?

कोई ऐसा अन्त:सूत्र है अवश्य, ऐसा सूक्ष्म तार, जो हमें हमारी मिट्टी से जोड़ता है। उस मिट्टी से जिसकी सोंधी खुशबू से हमारे सामने राष्ट्र की व्यापक छवि उभरती दिखती है और उसके प्रति एक आत्मीय राग हमारे भीतर प्रवाहित होता है। जैसे किसी विजातीय तत्त्व के

प्रवेश करते ही शरीर की नियमित प्रणाली अस्थिर हो जाती है। वैसे ही राष्ट्र और राष्ट्रीयता की हमारी जानी-पहचानी अवधारणा में किसी विजातीय सामाजिक-सांस्कृतिक तत्त्व के प्रवेश करते ही हमारा आत्मीय राग खंडित हो जाता है और समूचे अस्तित्व का सितार काँपने लगता है। उस भीतरी राग के खंडित होने की प्रतिक्रिया में उपजी भावना को राष्ट्रीयता कहा जा सकता है– जो विभिन्न सूत्रों में हमारे चिन्तन, मनन ओर व्यवहार में भी प्रकट होती है।

सन् '47 से पूर्व राष्ट्र का परिदृश्य कुछ अलग था। हम सदियों से गुलाम-मानसिकता में जीने के अभ्यस्त हो चुके थे, मगर कहीं भीतर मुक्ति के लिए निरंतर छटपटा रहे थे। 1857 की सशस्त्र सैनिक क्रांति के बाद गांधी के अहिंसक आंदोलन तक को लड़ाई के एक कारगर और प्रभावी अस्त्र के रूप में इस्तेमाल करते हुए हमने राष्ट्र को गुलामी के ज़हर से मुक्त करने के अनथक प्रयत्न किये और इस प्रक्रिया में राष्ट्र की सामाजिक, नैतिक मान्यताओं को संघर्ष की आँच में तपाया भी। उस समय राष्ट्रीयता का अर्थ था एक ऐसी भावना का उद्रेक–जो विदेशी शासकों के बंधन से येन-केन-प्रकारेण मुक्त होने के लिए सतत क्रियाशील होने की प्रेरणा देती थी।

सुदूर पूर्ववर्ती भारत की ओर एक नज़र डालें।

पृथ्वीराज चौहान के भारत में साहित्यकार के लिए राष्ट्रीयता का अर्थ देश प्रेम था। वह देश प्रेम भी वस्तुतः उस राज्य के प्रति जिसका वह नागरिक था अथवा उस राष्ट्र के प्रति जिसका वह आश्रित था– प्रेम दर्शाने का सीमित अर्थों वाला स्वार्थयुक्त देश प्रेम था, इस कारण वहां राष्ट्रीयता का पद भी कुछ सिकुड़ा-सहमा लगता था। उसी भावाभिव्यक्ति के लिए कभी-कभी वह राजा के साथ युद्ध के मोर्चे पर जाने का स्वाँग भी करता था। युद्ध में वह राजा और राष्ट्र के लिए कितनी उपयोगी भूमिका निभाता होगा, इसके विवरण हमारे इतिहास में दर्ज नहीं है, क्योंकि वैसी स्थिति-परिस्थिति में शायद ही कोई राजा-महाराजा उससे पूछता हो–'दो में से क्या तुम्हें चाहिए– क़लम याकि तलवार?' मोहम्मद गोरी, नादिरशाह अब्दाली, चंगेज़ ख़ाँ जैसे बर्बर आक्रमणकारियों के छिन्न-भिन्न हमलों के समय छिपे छोटी-छोटी रियासतों अथवा राज्यों के अधिपतियों के युद्ध में मारे जाने पर, अल्प मात्रा में ही सही, जनता में भी बाहरी दुश्मन को परास्त कर खदेड़ देने की तीव्र भावना देखने में आती थी।

भक्तिकाल के कवि अपने स्तर पर राष्ट्रीय समस्याओं से जूझते थे जिनमें कबीर द्वारा हिन्दू-मुस्लिम समाजों की बुराइयों के विरुद्ध उन्हें लगाई गई कड़ी फटकारें शामिल थीं। बाबर ने जब सदियों तक

चलने वाले मस्लिम राज्य की नींव पहले-पहल भारत में डाली तब रचनाकार को राज्य की बहुत परवाह नहीं थी। यही वज़ह थी कि उनके अकबर जैसे सुयोग्य वंशज को सुनना पड़ा–'संतन कहा सीकरी सों काम।' रचनाकार को चिंता थी तो समाज की– विखंडित होते समाज की, उसे बचाने की।

लेकिन तब भी राष्ट्रीयता का अर्थ साम्प्रदायिकता नहीं था, जो कहीं न कहीं, किसी न किसी रूप में हमें आज रिसता हुआ महसूस होता है। याद करें अकबर ने विवाह के बाद भी जोधाबाई से धर्म-परिवर्तन नहीं कराया था– उसके अपने धर्म और आस्था में सम्मान बनाये रक्खा था। स्वयं उसका आचरण भी इतना सौहार्दपूर्ण था कि उसके राज्य में हिन्दुस्तानियों में राष्ट्रीयता की एक मिली-जुली संस्कृति सूक्ष्म स्तर पर स्वयंमेव पनपती देखी गई थी–हिन्दू-मुस्लिम समाजों की मिली-जुली संस्कृति। कहते हैं कि कोई भी व्यवस्था ऊपर से नीचे की ओर चलती है। कहावत ही है यथा राजा तथा प्रजा। अकबर के दरबार का दृश्य देखें – नवरत्नों को याद करें–बीरबल, अब्दुल रहीम खनखाना, टोडरमल, तानसेन, राजा मानसिंह आदि।

यहीं मुझे महाराणा प्रताप का स्मरण आता है। इसमें संदेह नहीं कि वे महान देशभक्त और अद्वितीय योद्धा थे। किन्तु, सत्य यह भी है कि उनकी राष्ट्रीयता का अर्थ केवल मेवाड़ तक सीमित था। उनके अपने छोटे से राज्य तक। जबकि राष्ट्र तो व्यापक आयामों वाली अवधारणा है– भौगोलिकता उसका एक आयाम है। राणा की लड़ाई यदि समूचे राष्ट्र की लड़ाई में बदलती, जो तभी संभव हो सकता था यदि वे अन्य छोटे-छोटे राज्यों को जाति और अर्थ से ऊपर उठाकर एकजुट करते, तो शायद इतिहास में उनकी भूमिका दूसरी ही होती– और ज्यादा बड़ी भी। यहाँ मैं उसे कमतर नहीं आँक रहा। किन्तु, तब भामाशाह जैसे स्वामिभक्त साहूकारों की जमा-पूँजी के बदौलत मेवाड़ को स्वतंत्र कराने का उनका स्वप्न अन्य जातियों, धर्मों, सम्प्रदायों और छोटे राज्यों को साथ लेकर समूचे राष्ट्र को स्वतंत्र कराने के स्वप्न में बदल जाता और सदियों तक उनके वंशज जंगलों-पहाड़ियों में बसेरा करते, घास की रोटियाँ खाकर जीवन जीने की आन निभाने के लिए प्रतिश्रुत न होते। इसके लिए उनकी दृष्टि को लचीला होना ज़रूरी था। राणा की तुलना में देखें तो अकबर ने इसी दिशा में पहल की थी और एक ताकतवर मुगल बादशाह होते हुए भी धर्म, दर्शन (आईने अकबरी), राजनीति और सामान्य व्यवहार में भी सामंजस्य के रास्ते की ओर क़दम बढ़ाये थे। एक राजपूत स्त्री से विवाह करने के मूल में भी यही भावना लक्षित की जा सकती है।

अकबर के पूर्व हिन्दू शासकों में यह श्रेय केवल अशोक को ही दिया जा सकता है किन्तु कारण इसके मूल में भी वही था। बौद्ध होते हुए भी सभी धर्मों, सम्प्रदायों के प्रति सम्मान और अनुराग रखना।

यहाँ मुझे एक दूसरे मुगल बादशाह औरंगज़ेब और उसके खिलाफ़ विद्रोह का बिगुल बजाने वाले शिवाजी की भी याद आती है। किन्तु औरंगज़ेब का चरित्र धार्मिक कठमुल्लापन के ज़हर से लबरेज़ था। उसमें अकबर की उदारता और सहिष्णुता का अभाव था। हुमायूँ और अकबर ने जिस संस्कृति की नींव डाली थी, उसका विकसित रूप आगे चलकर दाराशिकोह के व्यक्तित्व और चिंतन में देखा जा सकता है जो अगर बादशाह बनने में काबयाब हुआ होता तो हिन्दुस्तान का इतिहास कुछ और होता। शिवाजी की रणनीति में सामंजस्य का रास्ता अपनाने की कोशिश थी। छत्रसाल से उनकी भेंट इसी का परिणाम थी। यही वज़ह थी कि शिवाजी अपनी लड़ाई को कूटनीति और छापामार युद्ध के ज़रिये अधिक समय तक और सफलता से जारी रखक सके और दूरगामी परिणाम भी पैदा कर सके। भूषण की राष्ट्रीय रचनाएं इन्हीं परिस्थितियों की उपज थीं।

औरंगज़ेब के समय तक राष्ट्र पर अंग्रेज़ों का शिकंजा प्रत्यक्ष हो चला था और वे निकट भविष्य में तत्काल सत्ता को समूल उखाड़ फेंकने के चक्रव्यूह की रचना कर चुके थे। राष्ट्र उस समय दोधारी मन:स्थिति से गुज़र रहा था। राष्ट्र की कमज़ोर स्थिति और ताक़तवर केन्द्रीय शासन के अभाव के कारण ही पहले हम पर लगातार विदेशी आक्रमण होते रहे, फलस्वरूप हम सदियों तक गुलाम रहे। हमारी निर्वीर्य संस्कृति ने हमें भोगने के लिए अंग्रेज़ी हुकूमत के रूप में एक ज़्यादा चालाक और धूर्त्त शासक दे दिया। तब 1857 के स्वाधीनता संग्राम ने यह अहसास जगाया कि हमारे अंदर अभी स्वाभिमान की लपट शेष है और मुक्त होने के लिए हम सचमुच बेचैन हैं। 1857 भले ही विफल हुआ – जिसके दीगर कारण थे – मगर उसने हमारे अंदर विद्यमान स्वदेशी अभियान से संवलित दीपशिखा को अवश्य जाग्रत कर दिया। हमारी राष्ट्रीयता की पहली राष्ट्रव्यापी प्रतिध्वनि 1857 के उस संग्राम में ही हमें सुनने को मिली थी। उसके पश्चात भारतेन्दु, अयोध्याप्रसाद खत्री, राजा शिवप्रसाद सितारे हिंद सहित अन्य साहित्यकारों ने भी अपनी लेखनी में राष्ट्रीयता के स्वर को अनुगुंजित किया।

कांग्रेस का प्रादुर्भाव भी एक बड़ी घटना के रूप में इस सन्दर्भ में स्मरण किया जाना चाहिये जिसकी सर्वोत्तम परिणति

दक्षिण अफ्रीका से लौटे उन बैरिस्टर मोहनदास करमचंद गांधी के महात्मा गांधी बनने की प्रक्रिया में देखी जा सकती है जो राष्ट्रीयता की नयी परिभाषा के साथ इस विराट एशियाई पटल पर अवतरित हुए। इसके साथ ही क्रांतिकारी पार्टी के सरदार भगत सिंह, चंद्रशेखर आज़ाद, सुखदेव, अशफ़ाक उल्ला, राम प्रसाद बिस्मिल, शिव वर्मा, राजेंद्र प्रसाद लाहिड़ी, ठाकुर रोशन सिंह तथा कांग्रेस के भीतर और बाद में समानांतर रूप से उभरे और छा गए नेताजी सुभाषचन्द्र बोस की भूमिका को भी राष्ट्रीयता की अवधारणा पर विचार करते समय ध्यान में रखना चाहिये। और ध्यान में दयानंद सरस्वती, विवेकानंद, महर्षि अरविंद और विनोबा जैसे संत दार्शनिकों को भी रखा जाना चाहिए जो अपने स्तर पर देश में राष्ट्रीय भावना का अलख जगा रहे थे।

उन दिनों देश में राष्ट्रीयता की प्रेरणा देने वाले गीतों की धूम थी। कितने ही रचनाकार ऐसी कविताएं लिखने के कारण जेल गए और वर्षों क़ैद में रहे। गुप्त जी की 'भारत भारती' के अतिरिक्त नवीन, त्रिशूल, माखनलाल चतुर्वेदी, माधव शुक्ल, दिनकर, प्रदीप, श्यामनारायण पांडेय, सुभद्राकुमारी चौहान जैसे कवियों ने अपनी रचनाओं से देश भर में राष्ट्रीयता को उत्कट देशप्रेम से परिभाषित करते हुए एक लहर-सी पैदा कर दी। उस दौर को ध्यान में रखते हुए इस अवधारणा को परिभाषित करने के लिए इससे बेहतर समय नहीं आएगा। हालाँकि, यह एक सतत प्रक्रिया है। आज़ाद भारत के पहले दो दशकों में उसकी अभिव्यक्ति चीन और पाकिस्तान के हमलों का विरोध करते हुए तो हुई ही, सैकड़ों छोटी रियासतों को ख़त्म कर राष्ट्र के विराट सूत्र में उन्हें ऐक्यबद्ध करने, प्रिवीपर्स की समाप्ति और इस अवधि में लगातार साम्प्रदायिकता, जातिवाद और कठमुल्लेपन के ज़हर से मुक्त होने के प्रयासों में भी होती रही है। इधर के वर्षों में उभरा स्त्री और दलित विमर्श भी राष्ट्रीयता की व्यापक अवधारणा के अन्तर्गत ही आएगा। और याद रक्खें कि भूमंडलीकरण के इस युग में भी राष्ट्रीयता एक स्थायी मूल्य है जिसे कार्ल मार्क्स और उनके सहयोगी फ्रेडरिक ऐंगिल्स के सिद्धांतों को अपनाने वाले व्ला.इ. लेनिन और माओ-त्से-तुंग ने भी कम्युनिज़्म के- रूस और चीन के अपने-अपने रोल मॉडलों में भी प्रकारान्तर से स्वीकार किया था।

आशा है हम राष्ट्रीयता की अवधारणा पर व्यापक परिप्रेक्ष्य में पूर्वग्रहमुक्त विचार जारी रक्खेंगे।

– 'जनसत्ता' (दैनिक),
22 जुलाई, 2007

<u>रपट</u>

लोकार्पण समारोह में राष्ट्रीय मुद्दों पर विचारोत्तेजक विमर्श

– अशोक त्यागी

नई दिल्ली, 23 जनवरी 1997। हिन्दी के सुप्रसिद्ध वरिष्ठ कवि उद्भ्रांत की राष्ट्रीय कविताओं के संग्रह 'प्रहरी ओ देश के' का लोकार्पण रक्षामंत्री श्री मुलायम सिंह यादव ने कांस्टीट्यूशन क्लब में किया।

इस अवसर पर बोलते हुए उन्होंने कहा कि पुस्तक के माध्यम से कवि ने हिन्दी, देश और देश की रक्षा के लिए तत्पर सैनिकों के हितार्थ एक महत्त्वपूर्ण कार्य किया है। देश की रक्षा में दिन-रात लगे हुए जवानों की साहित्य और देश की बहुरंगी संस्कृति में गहरी अभिरूचि है, अस्तु उन्हें केन्द्र में रखकर खिल गईं ये कविताएं उनके मनोबल को बढ़ाएंगी। कवि को बधाई देते हुए उन्होंने कहा कि पुस्तक ने फ़ौज के साथ साहित्यकारों के रिश्ते को मज़बूत किया है। राष्ट्रीय संकट के समय ये कविताएं देश में प्रेरणा जगाने का कार्य करेंगी और पुस्तक के लोकर्पण के लिए उनका चुनाव कर कवि ने उनके सम्मान को बढ़ाया है।

गांधी के विचारों को आज के समय की सबसे बड़ी ज़रूरत बताते हुए उन्होंने कहा कि गांधी के विचार आज भी प्रासंगिक हैं और देश या विदेश में निहित स्वार्थी तत्त्वों द्वारा उन पर लाख हमले किये जाएं, उनके सार्थक विचारों को खत्म नहीं किया जा सकता। विश्व में चार दर्जन से अधिक देशों में उनकी प्रतिमाएं और उनके दर्शन से सम्बधित संस्थान हैं। उन्होंने देश में चल रहे राष्ट्रीयता के संकट की भी चर्चा की और साहित्यकारों-बुद्धिजीवियों से अपील की कि भारतीय भाषाओं और हिन्दी को उनके उचित स्थान दिलाने की मुहिम के भी राष्ट्रीयता की परिभाषा में शामिल

करें। हिन्दी और उर्दू सगी बड़ी और छोटी बहनें हैं और बड़ी को छोटी बहन को स्नेह देना होगा जबकि छोटी बहन बड़ी बहन को आदर दे। उन्होंने कहा कि दक्षिण भारत के लोग जिस तरह हिन्दी सीखने को उत्सुक रहते हैं, वह उत्साह उत्तर भारत के लोगों में नहीं दिखता, यह चिन्तनीय बात है। उन्होंने अपील की कि उत्तर भारत के लोगों को भी दक्षिण की भाषाएं सीखने में दिलचस्पी दिखानी चाहिए।

श्री मुलायम सिंह यादव ने कहा कि राजनीतिज्ञों पर लोग विश्वास नहीं करते। वे स्वयं कितना भी सत्य बोलें लेकिन लोग उनका विश्वास नहीं करेंगे क्योंकि वे राजनीति में हैं, किन्तु साहित्यकार पर अभी भी लोगों का विश्वास है। उसकी सच्चाई पर आज भी लोगों को भरोसा होता है। उन्होंने कवि से आग्रह किया कि वे निर्भय होकर सत्य की लड़ाई लड़ें।

श्री यादव ने कहा कि दिल्ली उन्हें आकर्षित नहीं करती। दिल्ली तो एक तरह का गाँव है। उन्हें बम्बई अच्छी लगती है, केरल अच्छा लगता है, कलकत्ता अच्छा लगता है; किन्तु दिल्ली में उनका दम घुटता है। दिल्ली में रहकर अगर ऐसा साहित्य लिखा जाय जो राष्ट्र को प्रेरित करे तो यह स्वागतयोग्य बात होगी। उन्होंने 'प्रहरी ओ देश के' संग्रह की राष्ट्रीय कविताओं के लिए कवि को बधाई दी। उन्होंने कहा कि कवि ने उन्हें रक्षामंत्री के नाते आमंत्रित किया है, किन्तु रक्षामंत्री तो आते-जाते रहते हैं। एक ज़िम्मेदारी ज़रूर होती है जिसे निभाना होता है, किन्तु वे उद्भ्रान्त जी को आज से नहीं, बरसों से जानते हैं और इस कार्यक्रम में वे रक्षामंत्री की हैसियत से नहीं, मुलायम सिंह की हैसियत से आये हैं क्योंकि उनकी नज़र में कवि की बड़ी इज़्ज़त है।

वरिष्ठ पत्रकार श्री वेदप्रताप वैदिक ने अपने आजस्वी वक्तव्य में श्री मुलायम सिंह जी के विचारों का स्वागत करते हुए कहा कि हिन्दी भाषा द्वारा राष्ट्र को एक सूत्र में बाँधने का कार्य किया जा सकता है। उन्होंने कहा कि दक्षिण में जब-तब पनप रहे हिन्दी विरोध को दक्षिण की भाषाएं सीख कर ही दूर किया जा सकता है। उन्होंने कहा कि उद्भ्रांत जी ने पुस्तका का नाम 'प्रहरी ओ देश के' रक्खा है और इसका लोकार्पण देश के प्रथम प्रहरी श्री मुलायम सिंह यादव से कराया, यह स्तुत्य है।

वरिष्ठ आलोचक श्री नरेश चन्द्र चतुर्वेदी ने कहा कि पुस्तक के लेखक श्री उद्भ्रांत ने राष्ट्रीयता की अवधारणा की बात प्रारम्भ में उठाई थी, वह पीछे छूट गई है किन्तु गोष्ठी में दूसरे महत्त्वपूर्ण बिन्दुओं

पर विचार-विमर्श हुआ है और मुलायम सिंह जी ने भारतीय भाषाओं की एकता की जो बात उठाई है उस ओर हमें सक्रिय होकर सोचना चाहिए।

'जनसत्ता' के सम्पादक श्री राहुल देव ने कहा कि संग्रह की कविताएं बहुत पहले लिखी गई थीं, किन्तु उनमें से कुछ अभी भी अच्छी लगती हैं। कुछ में सपाट बयानी है, तुक मिलाने का आग्रह है, किन्तु ऐसा शायद इसलिए है कि वे उनके प्रारंभ काल की कविताएं होंगी। उन्होंने कहा कि मौजूदा समय में साहित्य की अवधारणाएं बदल गई हैं और इस तरह की कविताएं लिखने का फ़ैशन नहीं है, किन्तु इसमें संदेह नहीं कि ऐसी कविताओं का भी अलग महत्त्व होता है। राहुल देव ने कहा कि इस समय आवश्यकता है दूसरी आज़ादी की बात करने की, उसे केन्द्र में रखकर साहित्य रचने की। उन्होंने पुस्तक के प्रकाशन पर कवि को बधाई दी।

प्रारंभ में पुस्तक के रचनाकार कवि श्री उद्भ्रांत ने अपने वक्तव्य में कहा कि राष्ट्रीयता की अवधारणा एक सतत प्रक्रिया है और इसकी कोई स्थिर परिभाषा नहीं की जा सकती। आज़ादी प्राप्त होने से पहले गुलामी से गुज़रते और उससे मुक्त होने के लिए छटपटाते भारतीयों में अंग्रेज़ों के विरुद्ध अभियान छेड़ना ही राष्ट्रीयता का प्रतीक हो गया था, जबकि आज़ाद भारत के पहले पन्द्रह वर्षों में उसकी अभिव्यक्ति तीन विदेशी हमलों से मुक़ाबला करते हुए प्रतिबिम्बित हुई और बाद के वर्षों में उसकी अभिव्यक्ति साम्प्रदायिकता, जातिवाद, कठमुल्लेपन के ज़हर से मुक्त होने में हो रही है। श्री उद्भ्रांत ने कहा कि इस संग्रह की कविताएं 30-35 वर्ष पूर्व रचित वे कविताएं हैं, जो देश पर हुए विभिन्न हमलों की प्रतिक्रियास्वरूप लिखी गईं। उन्होंने कहा कि शब्द निश्छल होते हैं, वे अच्छे या बुरे नहीं होते। उनका वैसा इस्तेमाल ही उन्हें अच्छा या बुरा बनाता है। अपनी कविताओं के माध्यम से उन्होंने कोशिश की है कि वे शब्द का सही इस्तेमाल कर सकें। श्री उद्भ्रांत ने इस अवसर पर आम आदमी के सपनों पर आधारित 'जनसत्ता' में प्रकाशित ताज़ी कविता 'सपनों से' सुनाई तथा संग्रह की दो राष्ट्रीय कविताओं का भी पाठ किया। प्रारंभ में पंचशील पब्लिक स्कूल तथा केन्द्रीय विद्यालय, ए जी सी आर, नई दिल्ली के छात्र-छात्राओं द्वारा पुस्तक में शामिल कवि के एक प्रयास गीत 'आगे बढ़े क़दम' की समवेत संगीतमय प्रस्तुति की गई। कवि की पुत्री कु. सुगंधा सनाढ्य द्वारा संग्रह में संकलित अंग्रेज़ी कवि सर वाल्टर स्कॉट की प्रसिद्ध कविता 'पेट्रियॉटिज़्म' के काव्यानुवाद को सुनाया गया।

लोकार्पण के बाद रक्षामंत्री श्री मुलायम सिंह यादव एवं कवि श्री उद्भ्रांत ने अपनी अपनी प्रतियाँ हस्ताक्षरित कर एक-दूसरे को भेंट की।

गोष्ठी के अध्यक्ष शीर्ष कथाकार-विचारक श्री कमलेश्वर ने चर्चा का समाहार करते हुए अपने संक्षिप्त उद्बोधन में कहा कि प्राय: सभी बिन्दुओं पर वक्ताओं ने विचार व्यक्त कर दिये हैं और उनके लिए कुछ और कहना शेष नहीं रह जाता, किन्तु वे यह मानते हैं कि राष्ट्रीयता, देशभक्ति और भाषा के सवालों को लेकर गंभीर विमर्श होना चाहिए।

समारोह का सफल संचालन आलोचक डॉ. कर्ण सिंह चौहान ने किया। उन्होंने विभिन्न वक्ताओं के वक्तव्यों, उनमें निहित महत्त्वपूर्ण बिन्दुओं के साथ एकसूत्र में बाँधने का कार्य बड़ी निपुणता से किया। इसके अतिरिक्त उन्होंने कवि का विस्तृत परिचय देते हुए बताया कि कवि ने समकालीन कविता, गीत, नवगीत, ग़ज़ल, व्यंग्य, कहानी और आलोचना के विविध क्षेत्रों में विगत चार दशकों से लगातार कार्य किया है और इस पुस्तक के अतिरिक्त उनकी कुछ अन्य पुस्तकें भी शीघ्र प्रकाशन के क्रम में हैं। कई दर्जन पुस्तकों के कवि उद्भ्रांत ने प्रबंधकाव्य 'स्वयंप्रभा' की रचना की है और श्रीमद्भगवद्गीता के यथारूप पुनर्सृजन का कार्य 'प्रज्ञावेणु' शीर्षक से किया है जिसे विगत वर्षों में 'नूतन सवेरा' और 'अक्षर भारत' जैसे प्रमुख साप्ताहिक पत्रों में धारावाहिक रूप से जनता पढ़ और सराह चुकी है। ये पुस्तकें भी शीघ्र प्रकाश्य है। उन्होंने कहा कि इस कवि ने छंद को लेकर अपनी चिन्ता लगातार जाहिर की है और स्वयं भी निरंतर छांदिक सृजन किया है। ऐसे समय जबकि आमतौर से रचनाकर्मी अपने प्रारंभिक लेखन को सामने लाने से हिचकते हैं, इस कवि ने यह कहते हुए कि 'कविता का प्रथम चरण ही प्रथम किरण है जिसे अंधेरे में बने रहने देना उस प्रथम किरण की अवमानना करना है' अपनी बिल्कुल रचनाएं भी साहसपूर्वक इसी शीर्षक से प्रकाशित कराई है। डॉ. चौहान ने बीच-बीच में अपनी सारगर्भित टिप्पणियों से श्रोताओं को मुग्ध कर दिया। आज़ादी की पचासवीं वर्षगांठ के अवसर पर राष्ट्रीयता, देशभक्ति, भाषा, साम्प्रदायिकता, जातिवाद जैसे विचारोत्तेजक मुद्दों को उठाने वाली यह महत्त्वूपर्ण गोष्ठी अपनी जीवंत चर्चा के कारण लंबे समय तक स्मरण रक्खी जायेगी।

– (विभिन्न संवाद एजेंसियों द्वारा परिचालित)

श्री उद्भ्रांत का परिचय

मूलत: आगरा (उ.प्र.) के एक प्रतिष्ठित सनाढ्य ब्राह्मण परिवार के वंशज कवि उद्भ्रांत का जन्म 4 सितंबर, 1948 ई. को राजस्थान की, सेठों की, हवेलियों के लिए विख्यात नगरी नवलगढ़ में हुआ, जहाँ पिता पं. उमाशंकर शर्मा पोद्दार कॉलेज में अर्थशास्त्र के प्रोफेसर थे। बाद में पिता उ.प्र. लोकसेवा आयोग से श्रम अधिकारी के रूप में चयनित होकर कानपुर आ गए; अत: स्नातकोत्तर स्तर तक की अधिकांश शिक्षा-दीक्षा के साथ बाल्यावस्था से ही वहाँ के साहित्यिक बीज-संस्कार ग्रहण करते, सभी विधाओं में लेखन करते और देश की सर्वप्रमुख पत्र-पत्रिकाओं, आकाशवाणी और दूरदर्शन के माध्यम से सातवें दशक के प्रमुख नवगीतकार के रूप में उन्होंने पहचान बनाई। कठिन संघर्ष करते हुए दर्जनभर से अधिक निजी व सरकारी नौकरियों के बाद भारतीय प्रसारण सेवा, 1990 के पहले बैच के अधिकारी के रूप में दूरदर्शन के सहायक केन्द्र निदेशक के पद से कार्य प्रारंभ करते हुए, ढाई वर्ष के लिए आकाशवाणी महानिदेशालय में निदेशक (कार्यक्रम) की अवधि को छोड़कर दूरदर्शन महानिदेशालय सहित दूरदर्शन के दिल्ली, मुंबई, गोरखपुर, इम्फाल केन्द्रों में कार्य किया। वर्तमान में दूरदर्शन महानिदेशालय में वरिष्ठ निदेशक (कार्यक्रम) हैं। वर्ष 1992 में पुणे के फिल्म एवं टेलीविजन प्रशिक्षण संस्थान से कार्यक्रमों के निर्माण का प्रशिक्षण। नवगीतकार के अतिरिक्त प्रमुख ग़ज़लगो, समकालीन कविता के चर्चित कवि, कथाकार, आलोचक, अनुवादक और प्रबंधकाव्य रचयिता के रूप में भी प्रसिद्ध हुए। 'देह चाँदनी' पर उ.प्र. हिंदी संस्थान के निराला पुरस्कार, 'लेकिन यह गीत नहीं' पर हिंदी अकादेमी, दिल्ली के 'साहित्यिक कृति सम्मान', 'स्वयंप्रभा' पर उ.प्र. हिंदी संस्थान के 'जयशंकर प्रसाद अनुशंसा पुरस्कार' (जिसे स्वीकार नहीं किया) और सुमन पुरस्कार से सम्मानित। ग़ज़लों का विख्यात गायकों द्वारा गायन। लम्बी छंद कविता 'रुद्रावतार' को देश में असाधारण चर्चा-प्रतिष्ठा मिली और अंग्रेज़ी सहित आधा दर्जन से अधिक भारतीय भाषाओं में अनूदित होकर हिंदी की कालजयी कविताओं में परिगणित—जिस पर वृहद् आलोचना ग्रंथ 'रुद्रावतार विमर्श' (सं. डॉ. नित्यानन्द तिवारी) प्रकाशित। इसके अतिरिक्त आकाशवाणी के दिल्ली, अम्बिकापुर व रीवाँ केन्द्रों से 'रूद्रावतार' की अनेक संगीत-प्रस्तुतियाँ एवं दूरदर्शन के दिल्ली व भुवनेश्वर केन्द्रों द्वारा क्रमश: कथक व ओडिसी शैली की नृत्य प्रस्तुतियाँ 140 देशों में देखे जाने वाले डी

डी इंडिया सहित दूरदर्शन के सभी चैनलों से प्रसारित। डॉ. करुणाशंकर उपाध्याय के निर्देशन में मुम्बई विश्वविद्यालय से सुश्री शीतल सेटे द्वारा 'रुद्रावतार' और 'राम की शक्तिपूजा' के तुलनात्मक अध्ययन पर शोधकार्य पूर्ण। दूरदर्शन द्वारा कथक नृत्यांगनाओं नलिनी-कमलिनी की नृत्य प्रस्तुति की डी वी डी जारी। महाराष्ट्र शिक्षा बोर्ड, पुणे द्वारा प्रकाशित महाराष्ट्र में 12वीं कक्षा के पाठ्यक्रम में निर्धारित हिन्दी विषय की पाठ्य पुस्तक में 'पाँखुरी पाँखुरी' संग्रह (वर्ष 1964) का एक गीत 'काँटों का प्रतिवेदन' शामिल। प्रचुर मात्रा में किए गए बाल-साहित्य लेखन के लिए भी अनेक संस्थाओं द्वारा पुरस्कृत-सम्मानित। लगभग साठ प्रकाशित कृतियाँ। अनेक विश्वविद्यालयों में कवि के कृतित्व पर आधा दर्जन से अधिक एम. फिल. एवं पी.एच.डी. के शोधकार्य।

प्रमुख प्रकाशित पुस्तकें : प्रज्ञावेणु (महाकाव्य-गीता का मुक्तछंद में पुनर्सृजन); स्वयंप्रभा (प्रबंध काव्य); शब्दकमल खिला है, हिरना कस्तूरी (नवगीत), मैंने यह सोचा न था (ग़ज़लें), नाटकतंत्र तथा अन्य कविताएँ (समकालीन कविता—जिसका अंग्रेज़ी अनुवाद प्रो. आर.एन. आर्य ने किया: The Farce of Democracy & other poems के नाम से), काली मीनार को ढहाते हुए (सभी काव्य-संग्रह), डुगडुगी (कहानियाँ), मेरी प्रगतिशील काव्य-यात्रा के पगचिह्न (संस्मरणात्मक समीक्षा)। **सम्पादन**: 'युग प्रतिमान' (पाक्षिक), 1970; 'युवा' (अनियतकालीन), 1974-'77; पोइट्री टुडे (अंग्रेजी, 1978); पत्र ही नहीं बच्चन मित्र हैं (बच्चन जी के 119 पत्र), त्रिताल (विश्वविद्यालयों के लिए पाठ्य संकलन), **सह-रचनाकार**: 'नवगीत सप्तक' एवं 'नवगीत अर्द्धशती' (सं. डॉ. शंभुनाथ सिंह), श्रेष्ठ कहानियाँ: 1982 (सं. राकेश गुप्त, ऋषि कुमार चतुर्वेदी) और 20 कहानीकार (सं. सतीश जमाली)। **मूल्यांकन**: रुद्रावतार विमर्श (सं.: डॉ. नित्यानंद तिवारी); उद्भ्रांत का बाल-साहित्य: सृजन और मूल्यांकन (सं. डॉ. राष्ट्रबंधु एवं जयप्रकाश भारती); उद्भ्रांत की ग़ज़लों का यथार्थवादी दर्शन (अनिरुद्ध सिन्हा)। **मुद्रणाधीन**: 'त्रेता' और 'अभिनव पाण्डव' (महाकाव्य), 'वक्रतुण्ड' और 'राधामाधव' (प्रबंध काव्य), अनाद्य सूक्त (आर्ष काव्य), ब्लैक होल (काव्य नाटक), उद्भ्रांत की ग़ज़लें (उर्दू लिप्यन्तरण: आर.पी. शर्मा 'महर्षि') तथा 'जैसे सपना एक चकमक पत्थर है, उलटबाँसी, नींद में जीवन, हँसो बतर्ज़ रघुवीर सहाय और इस्तरी (सभी कविता संग्रह): त्रेता: एक अन्तर्यात्रा (डॉ. आनंद प्रकाश दीक्षित); लघु पत्रिका आन्दोलन और युवा की भूमिका (आलोचना)।

स्थायी पता: 'अनहद', बी-463, केन्द्रीय विहार, सेक्टर-51,
नोएडा-201307, फोन-0120-2481530, 011-23382979,
09818854678